Learn Spanish II
Parallel Text
Intermediate Level 1
Short Stories
English - Spanish

Copyright © 2016
Polyglot Planet Publishing

www.polyglotplanet.ink

About this Book

Learning Spanish with parallel text is the most rewarding and effective method to learn a language. Existing vocabulary is refreshed, while new vocabulary is instantly put into practice.

Our second series of Learn Spanish with Parallel Text is for intermediate level users of Spanish. While the stories can be easily followed and understood, a good understanding of basic Spanish is required to get the most out of the moderately harder grammar and vocabulary.

Our entertaining stories contain European culture and characters. Our books are fun to read so you maintain concentration and learn from motivation.

EASY READER | EASY LISTENER SERIES

Learn Spanish
Parallel Text
Easy Reader | Easy Listener
Audio-Course No. 1

Learn Spanish
Parallel Text
Easy Reader | Easy Listener
Audio-Course No. 2

Learn Spanish
Parallel Text
Easy Reader |Easy Listener
Audio-Course No. 3

Learn Business Spanish
Parallel Text Series

Business Spanish (1)
Parallel Text
Short Stories

Business Spanish (2)
Marketing
Parallel Text
Short Stories

Business Spanish (3)
Management
Parallel Text
Short Stories

Business Spanish (4)
Finance & Accounting
Parallel Text
Short Stories

Business Spanish (5)
Parallel Text
Trade & Industry
Short Stories

Table of Content

PARALLEL TEXT

Los españoles somos pobres
We Spanish are poor

Cuando decides **irte a vivir fuera**, tu vida **se vuelve una basura**.
*When you decide **to go to live abroad**, your life becomes rubbish.*

Es así.
That's the way it is.

La gente **lo pinta** como si fuera muy bonito, que si cuántas experiencias, que si cuánta gente conoces, que si mira **Cristóbal Colón**, **qué bien le fue** con tanto viaje...
*People **describe** it as if it was very nice, so many experiences, so many people to get to know, look at **Christopher Columbus, how good it was for him** to travel so much...*

Los que dicen eso, lo más que hicieron fue **emborracharse** en un par de **fiestas Erasmus**,y la amiga más **pesada** de tu madre, que tiene un hijo que **está muy bien colocado** en esa empresa tan importante de **vete tú a saber dónde,** ya sabes cómo es.
*Those who say that, the most they did was to **get drunk** in a couple of **Erasmus parties**, and the most **annoying** friend of your mum, who has a son who **is very well placed** in that company that is so important*

from **who knows where**, *you already know the way it is*.

Si estás pensando en irte fuera, **escúchame bien**.
*If you are thinking about going abroad, **listen closely to me**.*

No lo hagas.
Don't do it.

De verdad, tú que aún puedes, no lo hagas. Busca esos contactos lejanos de tu padre, las amigas de tu madre, **trafica con todo, lo que sea**.
*Honestly, you that could still do it, don't. Find those distant contacts from your father, the friends of your mother, **take advantage of everything, anything**.*

Me llamo Borja y lo primero que **descubrí** al **mudarme** a Londres es que no **había ni Dios** que **pronunciara** mi nombre correctamente.
*I´m Borja and the first thing I **discovered** when I **moved** to London was that **there was no soul** that **could pronounce** my name correctly.*

En estos seis meses he sido "Borya", "Borcha", "Borka" y hasta "B-Boy".
In those six months I have been "Borya", "Borcha", "Borka" and even "B-Boy".

Yo llegué a Londres como todos, con mi **currículo** en la maleta y cuatro abrigos, uno encima de otro, para no pagar el **suplemento** de Ryanair.
I arrived to London like everyone else, with my

curriculum vitae in my suitcase and four coats, one on top of the other, in order to not pay Ryanair's *excess fare*.

Lo segundo que descubrí es que los españoles somos pobres.
The second thing I found out was that we Spanish are poor.

Así, tal cual.
That's the way it is.

Tu llegas aquí con 1500 libras **en el bolsillo**, que es en lo que se te quedan más o menos los 2500 euros que traías y que **conseguiste ahorrar** después de vete tú a saber cuántos meses de trabajo, y en un día **te los has fundido**.
*You arrive here with 1500 pounds **in your pocket**, which is what you have left from the 2500 euros you brought and that you **had managed to save** after you don't know how many months of work, and in one day you **have blown it all**.*

Habitación: 500 libras.
Room: 500 pounds.

Y tú pensarás, por 700 euros será un apartamento **al menos**, ¿no?
*And you would think, for 700 euros it would **at least** be an apartment, wouldn't it?*

No. Habitación, **punto.** Si **tienes suerte**, igual viene con cama y armario; si no la tienes, **probablemente venga con rata**.
*No. A room, **full stop**. If **you are lucky**, it might come*

*with a bed and a wardrobe; if you are not, **it might come with a rat**.*

Fianza: otras 500 libras.
Deposit: another 500 pounds.

Dios mío, ¿500 libras por qué?
My God, 500 pounds for what?

¿Qué me voy a llevar? ¿La rata?
What am I going to take with me? The rat?

Luego está el transporte, que cualquiera pensaría que por esos precios **en vez del** metro coges un Porsche.
*Then it´s the transport, anyone could think that for those prices **instead of** the subway you are going to take a Porsche.*

Y ahí es cuando descubres **hasta qué punto** eres pobre.
*And it is there when you find out **just how** poor you are.*

Yo llegué ese primer día, vi que no había **tornos** y **me metí** al tren, sin **billete**.
*I got there that first day, I saw that there were no **turnstiles** and **got on** the train, with no **ticket**.*

" seguía sin billete, pero ahora tenía 20
el bolsillo y un papelito amarillo de
rdarme que, además de pobre, soy

*When I left I still had no ticket, but I had 20 pounds less in my pocket and a little yellow paper as a **fine** to **remind me** that, in addition to poor, I am silly.*

Así que nada, **ahí estaba yo**, en Victoria Station, sintiendo que, salvo "**victorias**", ya había tenido de todo, y ahí **me puse a** esperar a que al hijo de la amiga de mi madre **se le ocurriera aparecer** con la llave de la casa esa que ya me había costado la mitad de **mis ahorros.**

*So that´s it, **there I was**, at Victoria Station, feeling that, except for "victories", everything had happened to me, and there I **stayed** hoping that **it would occur to** my mum's friend's son **to turn up** with the key of that house for which I had already spent half of **my savings**.*

Ahí descubrí la tercera gran **lección** que Londres me tenía guardada: en el resto de Europa hace un frío de pelotas.

*There I discovered the third big **lesson** that London had saved for me: in the rest of Europe it is cold as hell.*

Cuatro abrigos, uno encima de otro, y aún así un frío de esos que te dejan helado de arriba abajo.

Four coats, one on top of the other, and still it is so cold that you are frozen from top to bottom.

Las estaciones en Londres **están llenas de** cafeterías pequeñas y sitios donde comprar algo de comida, porque para ser rico **no hay que perder el tiempo**, así que aquí **todo el mundo va con prisas**, come sándwiches y **se mete a empujones** en los

13

vagones sin **perder la educación** ni **arrugar el traje**.
*London stations **are full of** small cafés and places to buy some food, because to become rich **there is no time to lose**, so here **everyone is in a hurry**, eats sandwiches and **gets in** the carriages **pushing** without **being impolite** or **creasing one's suit**.*

Como **estaba helado** y **el tipo este** no llegaba, me acerqué a la cafetería **más cutre** para mirar a ver si **mi economía** podía **permitirse** un café caliente.
*As I **was frozen** and **this dude** was not there, I went over to the **seediest** café to check whether **my economy** could **afford** a hot coffee.*

Una chica rubia, muy **guapa** y muy inglesa ella, me dijo algo que no entendí, así que yo hice lo que me dijeron en el cole: **asentir** y sonreír.
*A blond girl, very **beautiful** and very English, said something to me that I didn't understand, so I did what I was told at school: **nod** and smile.*

Ella me sonrió también y **se dio la vuelta**, y ahí **me quedé yo**, sonriendo como **un estúpido**, pensando ya cómo **reinventar** esa historia para contarle a **mis colegas** cómo **había ligado** con **la rubia**.
*She smiled to me as well, and **turned around**, and there **I stood**, smiling like **an idiot**, already wondering how to **reinvent** that story to tell **my mates** how I **had flirted** with **the blondie**.*

Miré **el cartel**.
*I looked at **the sign**.*

Café, 3 libras, casi 5 euros.

Coffee, 3 pounds, almost 5 euros.

Ni de coña.
No way.

Entonces la chica **se giró** otra vez y me puso una taza al lado.
*Then the girl **turned around** again and put a cup next to me.*

Yo miré a izquierda y a derecha, pero allí no había nadie.
I looked left and right, but there was no one there.

No había duda, era para mí.
***There was no doubt**, it was for me.*

Vaya, encima un café solo, que no hay quién lo tome.
Damn, on top of that a black coffee, nobody can drink that.

Volví a mirar a ambos lados.
I looked again both sides.

Ni había nadie, ni había forma de salir corriendo.
There was no one, nor was there any possibility of running away.

Si hubiera sabido cómo, le habría dicho que no lo quería, pero en ese momento mi inglés **de batalla se limitaba** a "yes", "no" y **"zan kiu"**, así que dije "zan kiu", **desembolsé** las tres libras y me fui **sin devolverle la sonrisa** a la rubia.

*If I had known how, I would have told her that I didn't want it, but at that moment my **pidgin** English **was limited to** "yes", "no" and "**zan kiu**", so I said "zan kiu", **paid** three pounds and left without **returning the blondie's smile**.*

Cogí mis cosas y me fui a un banco, a esperar en un sitio en el que **una confusión lingüística** no terminara de **arruinarme**.
*I grabbed my stuff and went to a bench, hoping to wait in a place in which a **linguistic confusion** would not **ruin me**.*

En el banco había una señora **estirada**, un hombre y su perro, que ocupaba el tercer y último **asiento** con una elegancia que asombraría hasta a mi madre.
*On the bench there was a **snooty** woman, a man and his dog, who occupied the third and final **seat** with an elegance that would have even impressed my mum.*

Como el chico no venía y yo no tenía dónde sentarme, me tiré al suelo y me senté sobre la maleta.
As the boy wasn't there and I didn't have anywhere to sit, I threw myself to the floor and waited on the suitcase.

A ese nivel estaba yo en Londres, por debajo incluso del perro.
That was the level to which I was reduced in London, even below that of the dog.

Tan bajo, tan bajo, que a la que pasó una señora me tiró una moneda en el vaso casi vacío de café.

So low, so low, that when a woman passed by she threw a coin in the almost empty glass of coffee.

Un poco **flipado, saqué** mi mejor inglés y le dije lo único que se puede decir en esas situaciones:
*Being a bit **shocked**, I **brought out** my best English and said the only thing that one can say in those situations:*

Ya me estaba **empezando a** mirar **el de seguridad**, probablemente preguntándose si iba a **echarme a dormir** en aquella **esquina**, cuando llegó **el payaso** ese, a **salvar la poca dignidad** que me quedaba.
*The **security guard** was **starting to** look at me, probably wondering whether I was **going to sleep** in that **corner**, when **that clown** arrived, to **save what little dignity** I had left.*

Mucho trabajo **de éxito**, pero ya podía **habérsele pegado** algo de **puntualidad británica**.
*A **successful** job, but he could **have picked up** some kind of **British punctuality**.*

Si tarda un poco más, igual **me adopta el guardia**.
*If he had taken longer, a **guard** might **have adopted me**.*

La carrera de quesos
The Cheese Rolling Festival

Me llamo Robert, y les voy a contar ahora como sucedió que yo acosaba como un loco detrás de un queso entero en una cuesta inglesa.
My name is Robert and I'm going to tell you a story about how I ended up in the middle of an English field frantically chasing cheese down a hill.

Crecía en una pequeña ciudad Francesa en la provincia de Normandía, donde la comida desde siempre tenía mucha importancia.
Growing up in a small French village in the region of Normandy, eating was a big part of our family life for as long as I can remember.

Las horas de comer permitían a la familia de reunirse, compartir historias, y disfrutar de la compañía de los demás.
Eating represented an occasion for the whole family to get together, to share stories and to enjoy each other's company.

El mejor momento de una comida común era, cuando se servía el queso, ya que la selección es inmensa en Francia – hay casi 400 tipos de quesos diferentes producidos en todo el país, y yo los he probados todos.
My favourite part of the meal was always when the cheese was brought to the table, and being brought

up in France I was spoilt for choice – there are almost 400 different types of cheese produced across the nation and I think I must have tasted all of them.

Indiferentemente al tipo de queso –queso de cabra, queso de oveja, queso azul, o queso de leche de vaca – yo comía todo.
It didn't matter what kind of cheese it was – goat, ewe, blue, cow – if it was available I would eat it.

Pronto me conocían como el loco por el queso de la familia: no sorprendía que de niño fui un poco gordito.
I became famous in my family for just how much I loved cheese: you won't be surprised to hear I was a little on the chubby side as a child.

Desde el lugar donde crecía en Normandía, podía ver Jersey, una isla del canal, que pertenece al Reino Unido.
Where I used to live in Normandy, I grew up being able to see Jersey, one of the Channel Islands that belong to the United Kingdom.

Mi abuelo me dejaba sentarme en su seno, y contaba historias de Inglaterra y de sus visitas de la isla con el ferry.
My granddad used to sit me on his knee and tell me stories about England and the times he had visited the islands on the ferry.

Estuve joven y curioso, y quería ir a toda costa.
As I was young and curious, I wanted to go there.

Y si iría algún día, querría comer queso.

And when I got there, I wanted to eat cheese.

Un día, todos estaban dispuestos a hacer un pequeño viaje de ferry a la isla desde St. Malo.
So one day we all agreed to catch the ferry from a town called St Malo and made the short journey to the island.

Fue la primera vez que estuve fuera de casa, y me acuerdo lo extraño que sentía:
It was my first time abroad and I remember thinking how different everything felt:

el idioma parecía raro, la arquitectura era distinta de todo que conocía antes, y la comida no tenía el mismo sabor como en casa.
the language sounded peculiar, the architecture was different to anything I had ever seen and the food was nothing like I had tasted at home.

Por suerte, mi abuelo hablaba el inglés bastante bien, y hablaba con el dueño de una tienda local de los hábitos alimentarios diferentes.
Luckily, my granddad could speak good English, and he started a conversation with a local shop owner about the differences in food.

Contaba al dueño de la tienda que yo era un amante del queso, y fue como sabía por la primera vez de un evento inglés llamado „Carrera de Quesos de Copper's Hill".
He told the shop owner that I loved cheese, and this is where I first found out about a festival in England

called 'Cooper's Hill Cheese Rolling'.

Me enteraba no solo de que el queso existía en Inglaterra, sino también de que fue tan bueno, que la gente estaba dispuesta de correr detrás de él en una cuesta, competiendo con más gente.
I found out that not only did people in England have cheese, but it was so good they were willing to chase it down a hill and fight other people for it.

Tenía que esperar un poco para llegar a verlo en persona: un chico de nueve años no puede viajar a Inglaterra él solo.
Well, I had to wait a little while to get there: 9 year olds can't make the journey to England alone.

Mi tiempo llegaba más tarde, cuando hice un año de estudios al extranjero en Inglaterra, para hacer un curso de estudios de postgrado en Londres.
My time to visit came later, whilst I was in England studying for a year as part of my postgraduate university course in London.

Nunca podía olvidar la historia de la carrera de quesos, así que mi abuelo me recomendaría en una llamada de teléfono a tener en cuenta una visita del festival de Coopers Hill.
The story about chasing cheese down a hill never left me, and while talking to my granddad on the phone, he said that I should make plans to visit the Cooper's Hill festival.

Así fue que una tarde, me encontraba en una colina con tres amigos ingleses juntos con cientos de gente,

esperando a bajar esta cuesta enormemente escarpada, corriendo detrás de una pieza de queso.
So, three English friends and I found ourselves one afternoon, stood on top of a hill with literally hundreds of other people, waiting to chase a piece of cheese down a steep field.

Locura.
Madness.

La carrera de quesos de Cooper's Hill se celebra en las proximidades de la ciudad Gloucester, y tal como el nombre sugiere, un queso "Double Gloucester" de 9 libras está empujado para bajar una cuesta, y cientos de atrevidos le siguen corriendo.
The Cooper's Hill Cheese Rolling festival is held near the city of Gloucester and, just like the name suggests, involves rolling a 9lbs piece of Double Gloucester Cheese down a hill whilst hundreds of daredevils chase after it.

Cada uno es obsesionado de agarrar el queso, pero muchas veces, no hay nadie que ni llega a acercarse al queso:
Everyone wants to catch the cheese, but quite often no one manages to get a hand on it:

por lo menos alcanza una velocidad de 70 millas por hora (112 km/h).
it has been known to get up to speeds of 70mph on its way down.

Eso coincide con la velocidad máxima permitida en una autovía inglesa.
That's the same as the legal speed limit on an English

motorway.

Este espectáculo seguramente es una versión muy divertida de disfrutar del queso, lejos de comer junto con mi familia en una granja tranquila en Normandía.
This is certainly a novel way to enjoy eating cheese: a far cry from eating it with my family on a quiet farm in Normandy.

Estando en esta colina preparando para correr detrás del queso, me sorprendía escuchar tantos dialectos diferentes en mi entorno.
As I stood on top of the hill, getting ready to chase the cheese, I was surprised to hear lots of different accents around me.

De niño, siempre pensaba como debería ser siendo el único Francés entre tantos Ingleses – un outsider, disfrutando de los tipos raros alrededor de él.
As a child I had imagined being the only Frenchman among a sea of English people, an outsider joining in the fun of all the eccentrics around me.

Pero allí escuchaba dialectos americanos, escoceses, y demás.
But I could hear American accents, Scottish accents, accents from all over the world.

El ambiente era maravilloso: mucha gente ha viajado desde lejos, solo para participar en este evento.
There was a great atmosphere: a lot of people have travelled a long way to take part in this strange festival.

Estando allí arriba en la colina, me daba cuenta de una ambulancia llegando al lugar del evento, preparándose para el espectáculo y todo lo que iba para venir.
As I stood at the top, I could see that an ambulance had arrived in preparation for the chase down the hill that was about to happen.

Ahora toca, pensaba.
This is getting serious, I thought.

Siendo esta la primera carrera de la tarde, no podía ver a otros bajando la colina.
As this was the first race of the afternoon, I hadn't had the chance to see anyone else running down the hill.

No sabía lo que me esperaba.
I didn't know what to expect.

Mi corazón golpeaba hasta mi cuello.
My heart was thumping.

Fue el momento cuando apagaba el queso, y solo pensaba en el daño que me ocasionó a mí mismo.
I'd stopped thinking about the cheese and started worrying about what kind of damage I was about to do to myself.

Y justo antes de oírse la señal de salida, uno de mis compañeros me contaba, que el año pasado, más que 20 participantes fueron ingresados en el hospital.
Just as the race was about to start, one of the people next to me told me that over 20 people were taken to hospital the year before.

El equipo de salvamiento estaba tan ocupado transportando la gente del lugar del accidente al hospital, que la carrera se aplazaba...

The ambulance was so busy taking people backwards and forward from the hospital that the race even had to be delayed.

Y justo en el momento cuando decía esto, sonaba la señal de prepararnos.

Just as he said this, the whistle went to signal that it was our turn to chase the cheese.

Un hombre con un traje de la bandera británica, empujaba un queso entero gigante monte abajo de la colina.

A man dressed in a Union Jack suit rolled a huge circle of cheese down the hill and it was flying down the hill at great speed.

Estando en el trasfondo, percibía tanto hombres como mujeres empezando a correr.

As I stood at the back, I saw both men and women running after it.

Muchos estaban vestidos de forma llamativa, otros con prenda protectora.

Many were in fancy dress, some had protective clothing on.

Un hombre vestido de Superman volaba por delante de mí.

A man dressed as Superman flew past me.

Era realmente surreal.
It was all very surreal.

Decidí correr más lentamente para no hacerme daño, pero había muchos haciendo hasta volteretas, y corriendo realmente rápidos.
I decided to go slow to make sure I didn't hurt myself but many others were doing somersaults and running really fast.

Antes de darme cuenta, llegaba al final de la colina.
Before I knew it, I was at the bottom of the hill.

Por suerte, no me había herido.
Thankfully, I was not injured.

Buscaba el queso, pero no lo encontraba en ningún sitio:
I looked around for the cheese, but it was nowhere to be seen:

el ganador fue vestido de Micky Mouse, y escondía el queso de nosotros, y se fue.
the person who had won was dressed as Micky Mouse and had run off with it and hidden it from the rest of us.

Gracioso, y estrafalario al mismo tiempo, ¿verdad?
How funny and weird is that?

Posiblemente preguntarás ahora, cual es el sentido de todo este espectáculo, si ni es posible probar el queso.
So you're probably wondering what the point of going all that way was and not even getting to taste the

cheese.

Me decepcionaba no haber alcanzado mi meta, pero ha sido una introducción excelente en los lados más bizarros de la cultura inglesa.
I was disappointed not to get what I wanted, but it was an excellent introduction to some of the stranger aspects of English culture.

Y exactamente como mi abuelo me contaba cosas extrañas, también podré contarlo a mis nietos.
And just as my granddad used to sit me on his knee and tell me about some of the strange things that Englishman will do for cheese, I'll be able to do the same for my grandchildren.

Experiencias Gastronómicas en Marruecos
Gastronomic experiences in Morocco

Marruecos es un país lleno de lugares increíbles.
Morocco is a country full of wonderful places.

Es un país todavía salvaje en muchos aspectos: rural, con montañas donde la gente queda aislada en los inviernos, aldeas de pescadores en sus costas de playas infinitas…
It is a country that, in many respects, still feels wild, due to its rural setting, its mountain ranges where people remain isolated during winter, and fishing villages on coastal areas with infinite beaches.

Además, la gente en marruecos es acogedora, hospitalaria…
Above all, Moroccan people are welcoming and hospitable.

En cada casa en la que entras te darán un té y unas pastas para darte la bienvenida.
If invited into a local's home, you will always be offered tea and pastries.

Y es que, en Marruecos, una de las cosas más maravillosas que puedes descubrir es la gastronomía.
In fact, one of the most amazing things you will

discover in Morocco is its gastronomy.

Yo tuve la suerte de hacerlo, y de la forma más inesperada: en medio de un viaje de aventura.
I was lucky enough to discover this for myself, and so unexpectedly, during an adventure there.

En mi primer trekking en el Alto Atlas tuvimos la suerte de que nos acompañara Ismael.
On my first trek through the Grand Atlas Mountains, we were incredibly fortunate to have a man named Ismael as part of our group.

Uno de los mejores cocineros que he conocido en mi vida. ¡Si supierais cómo cocinaba!
He was one of the best cooks I have ever met in my life, ah, if you could have tasted his cooking!

Al comienzo del trekking, en un pequeño pueblo de un valle, el cocinero se ocupó de comprar todas las verduras y carnes necesarias (por supuesto, nada de cerdo estaba incluído puesto que Marruecos es un país musulmán donde no encontrarás nada de esta carne).
At the beginning of the trek, in a small village situated in a valley, the cook fulfilled the task of buying all the necessary vegetables and meats (of course, pork was excluded from the menu, as Morocco is a Muslim country and pork is not found anywhere).

Estas verduras, los cacharros de la cocina, las estufas, carbones... todo lo que te puedas imaginar que hace falta para cocinar, se cargó en las mulas que llevaban nuestro equipaje. Y... salimos rumbo a

la aventura.
Everything that was needed for cooking was carried by the mules, which also bore our luggage: vegetables, kitchen utensils, cooker, charcoal, etc. As I said, everything needed for the task was loaded onto those mules already carrying our luggage. Then, we set off on our adventure.

Caminamos unas cuatro horas durante el primer día, y, aunque eran pocas, llegamos agotados a la noche.
On the first day, we walked for around four hours; that might not sound like a lot, but we were destroyed by nightfall.

¡Y yo deseando probar mi primera comida marroquí!
By then, I was dying to taste my first Moroccan meal!

En una *jaima* (una tienda de campaña grande compartida por muchas personas) cenamos todos los amigos que íbamos de trekking.
Our whole group of friends, travelling together on the trekking trip, had dinner in a Bedouin tent (a big tent that a lot of people share).

Nos sentamos y esperamos a que llegara la comida.
We sat down and waited for the food to arrive.

Se parece mucho a otras ensaladas típicas de otras cocinas del mundo, como la mexicana.
For starters, we ate a traditional Moroccan salad, which resembles other traditional salads from other world cuisines, such as Mexican, for example.

Lleva tomates, pimientos y cebolla, muy troceados y aliñados con aceite de oliva, sal y especias.
The salad consisted of tomatoes, peppers and onion, very finely chopped and finished with a dressing of olive oil, salt and spices.

¡Estaba riquísima!
It was delicious!

Todos los ingredientes eran muy frescos y nos abrió el apetito para lo que nos esperaba: ¡un *tajine*!
All ingredients were fresh and the dish whetted our appetites for what was coming: tajine!

El *tajine* es uno de los platos estrella de la cocina de Marruecos.
Tajine is one of the signature dishes of Moroccan cuisine.

Es común a la comida árabe en general, pero los que yo he podido probar en este país son increíbles.
Generally speaking, it's a common dish in all Arabic cuisines, though the ones I tasted in Morocco were simply incredible.

El *tajine* es un tipo de cocción.
Tajine refers to a cooking style.

Es, en concreto, un utensilio de cocina de barro o metal (aunque los más tradicionales y comunes en marruecos son los primeros) en el que las cosas se cocinan, a fuego muy lento.
Actually, to be more specific, it is a kitchen utensil made from metal or clay (the latter being the most

common in Morocco) where food is cooked at a low heat.

Los hay de todos los sabores y colores. Los hay de pollo con limón (uno de mis favoritos), los hay de cordero (es de los más tradicionales) y los hay también simplemente vegetarianos (otro de mis favoritos).
You can find all sorts of flavours and colours in the many tajine dishes: chicken with lemon (one of my favourites), lamb (one of the more traditional versions) or simply vegetarian (also amongst my favourites).

Bueno, en realidad a mi me gustan todos, pero siempre recordaré aquel primero en la primera noche en el Atlas. Era de cordero, la carne estaba tierna y las verduras que lo acompañaban, exquisitas.
To be honest, I like them all, but I will always remember my first one, on that first night in the Grand Atlas Mountains, which was made with lamb; the meat was tender and the veggies that came with it, exquisite.

Lo mejor es el cus-cús con el que siempre va acompañado (una pasta de sémola en granitos muy fina) y la salsa que se produce con la cocción.
The best part of tajine is the couscous that is always served with it (semolina formed into tiny granules), as well as the sauce from the cooking.

En nuestro segundo día tuvimos oportunidad de comer en casa de una mujer de un pequeño pueblo por el que pasábamos.

On our second day, we had the opportunity to eat at a woman's home, in a small village we passed through.

Y probamos una de las cosas más exquisitas que he probado en mi vida, la safa.
There, we tried one of the most delicious things I have eaten in my life: Seffa.

La safa son fideos muy finos, como los que se toman en la sopa, cocidos de forma sencilla. Pero van aderezados con azúcar glas y frutos secos machacados.
Seffa is made with broken vermicelli (the thin kind, the type you normally find in soups), which are steamed and sweetened with powdered sugar and crushed nuts.

Aquel día, los comimos con cacahuetes.
That day we had it with peanuts.

¡Estaba riquísimo!
It was so tasty!

Como plato principal nos esperaba "el jardín", "le jardín" como dicen ellos que lo dicen en francés.
"The Garden" was then served as main dish, or "le jardin", as it's called in French.

Son unos huevos al plato que se cocinan en una sartén especial muy bajita.
It consists of shirred eggs, cooked in a special flat bottomed pan.

Primero se ponen unas verduras (tomate y pimiento, por ejemplo) y después se cuecen los huevos

echándolos en crudo sobre toda esta base.
Vegetables are added first (tomato and peppers, for example), followed by the eggs, which are cracked open and cooked on top.

Entre las cosas más básicas y más ricas de lo que uno puede comer en Marruecos está el pan.
One of the simplest but most delicious things you can eat in Morocco is bread.

Hacen un pan sin apenas miga, muy plano, casi como tortitas, pero salado.
Their bread is unleavened and very flat, something similar to pancakes, except salty.

Se come desde el desayuno, con mantequillas y mermeladas o mojado en aceite. Se come en la comida y en la cena.
You eat it with every meal: for breakfast (with butter and different types of marmalades, or dipped in olive oil), lunch and dinner.

Es más, los marroquís lo utilizan como sus cubiertos y cogen la comida con el pan en lugar de utilizar cuchillo, tenedor o cuchara.
Furthermore, Moroccan people use bread instead of cutlery, scooping food with it rather than helping themselves with a fork, knife or spoon.

También sencillas son las *hariras*, pero no por eso menos exquisitas.
Another staple food, very simple but equally tasty, is the harira soup.

Las *hariras* son sopas consistentes que se toman por lo general para cenar en casi todos los hogares de Marruecos. Y, por supuesto, también en nuestro "hogar" provisional en las montañas.

This hearty soup is generally very popular for dinner in all Moroccan homes -including, of course, in our short-term "home" up there in the mountains.

Suelen tener un fuerte gusto a especias e incluyen algunos cachitos de verduras, a veces algún fideo, y, la mayor parte de las veces, legumbres.

Harira is normally flavoured with many different spices, there are chunks of vegetables in it along with (most commonly) legumes and sometimes even vermicelli.

Otra de las mejores experiencias gastronómicas de aquel viaje fue descubrir los diferentes tés e infusiones marroquís y los dulces con los que los acompañan.

One of the great gastronomic experiences of that particular trip was discovering the different types of Moroccan teas and infusions, as well as the sweet bites that are always served on the side.

En Marruecos son auténticos expertos en crear dulces de vicio.

Moroccan people are true experts when it comes to sweets.

Y, casi todos, incluyen frutos secos como almendras o avellanas, miel, canela y otras exquisiteces.

Most types include dry fruits (such as almonds or hazelnuts), honey, cinnamon and other delicacies.

35

Probamos unas cuantas decenas de ellos muy diferentes unos de otros.
We tried a few dozen of them, and they were all very different from each other.

En los postres, otro que me encantó fueron los dátiles naturales que hay en muchos mercados de las medinas.
Something else I loved for dessert were the natural dates, found at many food markets around the medinas (a city's old quarter).

Salvo en el caso de los pueblos de la costa, en las montañas no es habitual comer pescado.
With the exception of coastal villages, fish is not eaten often –even less in the mountains.

Pero en la costa lo encontraréis cocinado a la brasa, riquísimo y con aliños sencillos, como el limón o el ajo.
However, on the coast, you will find delicious grilled fish, served with simple dressings (like lemon or garlic).

Son algunos de los pescados más exquisitos que yo he podido probar, y los tomas casi recién pescados por los pescadores del lugar.
The fish there is one of the tastiest kinds I have ever tried, you are eating the fish pretty much moments after it has been caught by the local fishermen.

En aquel viaje yo no lo tomé, pero cuando he vuelto en otras ocasiones a otras zonas de este país tan maravilloso.
I didn't have the opportunity to make this discovery on

that particular trip, but later on, when I came back to visit other areas of this wonderful country.

La gastronomía en Marruecos es un mundo en el que podéis tener increíbles experiencias, por lo que si vais a ese país, os recomiendo que no tengáis miedo a probar cosas nuevas.
Moroccan gastronomy is a world of its own –where you can have incredible experiences.

¡Es la mejor manera de estar abierto a todos estos nuevos sabores que os pueden dejar boquiabiertos!
If you travel to this country, do not be afraid to try new things. Be open to all these new flavours, because they will surely surprise you!

Enamorarse en Venecia
Falling in love in Venice

1) Maria y Sandro, un amor acabado
1) Maria and Sandro, an ended love

Después de un periodo sin salir con nadie, después de romper con Sandro, he vuelto a disfrutar de la vida, ¡y más inspirada que antes!
After taking some time off dating after the break-up with Sandro, I started enjoying life again, and I'm even more inspired than before!

Después de dos años de noviazgo, cuando hasta se hablaba de casarse, nuestro amor fue a la rovina.
After two years of engagement, when we were even talking of getting married, our love went to the dogs.

Quizás queréis conocer la razón, pues ¡os lo digo en seguida!
Perhaps you would like to know why – I'm telling you straight away!

2) Porqué nos dejamos
2) Why we broke up

Sus padres fueron nuestros huéspedes en la casa que poseo en Venecia, en la laguna, y en la cual habíamos decidido vivir después de la boda.

His parents were our guests in the house I own in Venice, on the lagoon, where we had chosen to live after the wedding.

Estaban en mi casa desde hace tres días y habían transcurrido Navidades con nosotros.
They had been at mine for three days and they spent Christmas with us.

Se fueron el 2 de enero (¡menos mal!) y volvieron a su ciudad nativa, Verona.
They left on 2nd January (thank goodness!) and went back to their home town, Verona.

Todo empezó con la discusión abierta por su madre, Paola, que insistía en que la boda fuera celebrada en su ciudad nativa, donde Sandro había nacido.
It all began with the argument started by his mother, Paola, who insisted on having the wedding celebrated in their town, where Sandro was born.

Su papá, al contrario, no tuvo parte en la discusión, sino que trataba de mirarme en los ojos para que pudiera entender que él no estaba de acuerdo con las demandas de su mujer, como me confirmó dentro de poco.
His dad didn't take part in the argument instead, he rather kept trying to catch my eye to make me understand that he did not share his wife's claims, as he confirmed to me shortly after that.

Voy a guardar este momento como uno de los recuerdos más bonitos porque entendí que él era sincero y que quizás también él, en aquel momento, habría abierto la ventana y dejado que su mujer se bañara en el agua glacial de la laguna.

I will keep this one among my most beautiful memories, because I got that he was sincere and that in that moment maybe he, too, would have opened the window and let his wife take a nice little bath in the freezing water of the lagoon.

De hecho, la discusión interrumpió el idilio de amor entre Sandro y yo, el cual no me difendió (quizás por el demasiado amor hacia su madre), ¡sino que hasta me regañó por levantar mi voz contra su querida mamá!

In fact, the argument interrupted the love idyll between me and Sandro, who didn't stand up for me (maybe due to too much love for his mother) and even reprimanded me for raising my voice with his dear mum.

Ya el día siguiente, cuando él acompañó a sus padres a Verona, había entendido que nuestro sueño de amor se había desvanecido.

The following day, when he accompanied his parents to Verona, I had already understood that our love dream had vanished.

No me equivocaba.

I wasn't wrong.

Probablemente empujado por su madre, no me llamó durante tres días y yo hasta pensé en no hacerlo.

Maybe driven by his mother, he didn't call me for three days and I didn't even think of doing it.

Después de una semana, me llamó para decirme que

probablemente era mejor dejar nuestros proyectos, por el bien de todos.
After one week, he phoned to tell me that it was perhaps better to put all of our projects aside, for everybody's sake.

El mundo me cayó a pedazos y yo, entre la cólera y la desilusión, me retiré en mi solitud, ¡jurando a mi misma que jamás me prometería!
My world fell apart and I, between rage and disappointment, retired into my solitude, swearing to myself that I would never ever get engaged again!

El amor entre nosotros se había acabado... ¡para siempre!
The love between us was over... forever!

3) Un nuevo encuentro
3) A new encounter

Marco paseaba al lado de Claudia (su hermana) y al lado de su novio (mi hermano).
Marco was walking next to Claudia (his sister) and her fiancé (my brother).

Estábamos iendo al puente de Rialto para celebrar la licenciatura de Claudia (en derecho) y él nos llevó a comer en un restaurante donde trabaja un amigo suyo.
We were heading for the Rialto Bridge in order to celebrate Claudia's graduation (in Law), and he took us to lunch in a restaurant where a friend of him works.

Cuando entramos en el restaurante, inmediatamente se sentó a mi lado y delante de los novios.
When we got in, he immediately took a seat next to me and in front of the two fiancées.

Llevaba consigo un ramo de rosas rojas y uno de ciclamenes.
He had a bunch of red roses and one of cyclamens with him.

En la mesa puso las rosas encima de una tarjeta de felicitaciones para su hermana y me dijo en seguida: "Y esto en cambio es para ti".
At the table, he laid the roses on a greetings letter for his sister and said right away: "And this one is for you".

Después de comer nos sentamos en unas mesitas cerca de la orilla para beber un café.
After lunch we sat at some small tables near the edge to have a coffee.

Mientras tanto, el centro general de la atención había pasado exclusivamente en mi, hablando (mi hermano en primer lugar) del fracaso de mi relación con Sandro y de mi ira hacia todos los hombres.
Meanwhile, the general focus of attention had passed exclusively to me, speaking (my brother in the first place) about the failure of my relationship with Sandro and my anger towards all men.

Sintiéndome puesta en duda, me arriesgué para expresar mi ira, pero sin exagerar, también para no hacer pasar vergüenza a Marco, que me estaba cortejando, lo que había entendido desde el principio.

Y, para decir la verdad, me gustaba realmente.
Feeling called into question, I took the chance to express my rage, but without exaggerating – also not to embarrass Marco, who was courting me, and I had understood that from the word go. And, to tell the truth, it really delighted me.

4) Un chico puro y sincero
4) A pure and sincere guy

Mientras tanto, la tarde había llegado y las primeras luces se comenzaban a ver en la laguna, iluminando aquel espejo único en el mundo, que sólo la preciosa Venecia puede ofrecer.
Meanwhile the evening had come and the first lights were visible on the lagoon, enlightening the unique in the world stretch of water, which only the beautiful Venice can offer.

Asistir a este espectáculo es una sensación extremamente emocionante no sólo para los turistas, sino también para todos los venecianos que viven la ciudad a diario.
Being present at this sight is an extremely touching feeling, not only for tourists, but for all Venetians who live the city everyday, too.

Para mi era triste, pensando en el amor que no sentía más y que pensaba haber perdido para siempre.
It was sad for me, thinking of the love I didn't feel anymore and I thought I had lost forever.

En este momento, confundida, pero feliz, volví a casa.

At this point, confused but happy, I came back home.

El día siguiente oí a alguien tocar a la puerta, pensaba que era mi vecina o el cartero, ¿pero quien encontré allí? ¡Marco!
On the following day I heard someone ringing my doorbell, I thought it was my neighbour or the postman, and who did I find instead? Marco!

Llevaba consigo un ramo de rosas sólo para mi (azules esta vez) y iba vestido hasta más elegante que el día anterior y llevaba un peinado diferente (liso con fijador), uno muy refinado.
He had a bunch of roses just for me (blue ones this time) and he was dressed even more elegantly than the day before and had a different hairdo (straight with hair gel), a very refined one.

Este gesto me emocionó mucho, y no vacilé en darle sinceramente un beso en la mejilla.
This gesture moved me so much, and I didn't hesitate to kiss him sincerely on the cheek.

5) Aquella tarde en el Lido
5) That night at the Lido

Una nueva amistad había nacido con Marco y una tarde nos empujó hacia el Lido de Venecia, un lugar diferente de la laguna, a pesar de que geograficamente es parte de esa.
A new friendship was born with Marco and one evening it pushed us (aided by my brother, the little rascal, and his super funny Claudia) toward the Lido of Venice, a different place from the lagoon, though

geographically part of it.

Se trata de la Venecia no turística, es decir la donde la mayoría de los venecianos viven, con restaurantes, discotecas, cafés, playas (en verano), tiendas de importantes marcas de moda.
It's the non-touristy Venice, that's to say the one where most of the Venetians live, with restaurants, discos, bars, beach (in summer), shops of important fashion brands.

También aquella tarde su encanto y su sutileza no fueron desmentidos: se presentó que llevaba una chaqueta y una corbata azul oscuro y dos rosas rojas, una para mi y una para Claudia.. Saldríamos a cena en un rato.
That night, too, his charm and subtlety were not denied: he turned up in a dark blue tie and jacket and with two red roses, one for me and one for Claudia... We would go to dinner in a while.

En realidad, algo ya me estaba emocionando, y yo me sentía atraída por él, pero no podía encontrar las palabras para expresar mi alegría, aunque mis ojos me traicionaban y él se había dado cuenta de eso.
As a matter of fact, something was moving me already, and I was attracted to him, but I couldn't find the words to express my joy, even though my eyes betrayed me and he noticed it.

De hecho, (mientras los dos novios estaban sentados en la mesa todavía) con una excusa me invitó en la terraza del restaurante, donde, mirando el crepúsculo, se giró hacia mi y me sonrió, y después se dobló y me besó intensamente.

In fact (while the two lovebirds were still sitting at the table) he invited me on the restaurant's terrace with an excuse; there, watching the sunset, he turned to me, smiled and then bent down and kissed me intensely.

Desde aquel día Marco ha llegado a ser mi gran amor.
From that day, Marco has become my great love.

6) Un día mágico
6) A magical day

¡Aquel día fue el más feliz de mi vida!
That was the happiest day of my life!

En verano optamos por el lido de Venecia para transcurrir nuestras vacaciones, porque representa un lugar especial para nosotros, donde nuestra pasión floreció y donde celebramos, donde lloré (esta vez por amor y por alegría y no por desilusión), donde cenamos y bebimos champán en la playa, después de lo cual... ¡hasta hoy (nos casamos en un año) todo ha sido absolutamente mágico!
In summer we chose the Venice Lido for our holidays, because it represents a special place for us, where our passion blossomed and where we celebrated, where I cried (this time with love and happiness rather than disappointment), where he dined and drank champagne on the beach, after which... until today (we are getting married next year) everything has been absolutely magical!

Solidaridad en las montañas de Marruecos
Solidarity in the Moroccan Mountains

Me llamo Isabel y tengo 25 años.
My name is Isabel and I am 25 years old.

Me encanta el mundo de la montaña. Desde que soy pequeña, mis padres me han llevado a conocerlas. Subir picos, escalar paredes, recorrer torrentes.
I love the mountaineering world, having been introduced to it from an early age by my parents; hiking to different peaks, climbing walls, crossing torrents, etc.

Para mí, más que dificultades son emocionantes retos.
For me, these represent exciting challenges rather than difficulties.

Siempre he vivido en Madrid. Es la ciudad más grande de España, y funciona como capital del país.
I have always lived in Madrid, the biggest city in Spain and the country's capital.

Hay grandes montañas muy cercanas. No son muy altas, pero hay mucha variedad.
There are big mountains nearby, not very high but there is quite a lot of variety around.

Los paisajes son muy diferentes de unas a otras y los desafíos que suponen también.

Landscapes change from one to the other, as well as the challenges they pose.

He pasado grandes días en Peñalara, y noches complicadas en la Sierra de Gredos, a muchos grados bajo cero.

I have spent great days in Peñalara[1], and complicated nights at the "Sierra de Gredos" mountain range, at a temperature many degrees below zero.

Mis padres, además de amantes de la montaña, son funcionarios públicos.
My parents, besides being mountaineering lovers, work as civil servants.

Mi padre trabaja en el Ministerio de Educación. Mi madre es pediatra en un centro de salud público, es decir, es doctora para los niños hasta que cumplen la mayoría de edad.
My father works for the Ministry of Education, and my mother is a paediatrician at a public Health Centre, which means that she is a medical practitioner specializing in children until they reach adulthood.

Siempre me han enseñado que hay que preocuparse por lo importante. Las personas que nos rodean, la familia, nuestro barrio, nuestro país…
They taught me to care for what's most important in life: the people around you, your family, your community, your country.

Son personas justas, humildes, solidarias,

ecologistas...
They are fair people, humble, supportive, as well as ecologists.

En definitiva: he aprendido de ellos muchas cosas sobre ser una persona buena y comprometida.
Basically, I have learnt to be a good and committed person thanks to them.

Por eso, desde que cumplí los dieciocho años, intento colaborar con asociaciones y ONGs.
I suppose this is the reason why since I turned eighteen, I try to support certain associations and NGOs (non-profit organizations which are, step by step, seeking to improve different aspects of people's lives).

He colaborado con Cruz Roja, por ejemplo, dando clases de castellano para extranjeros que acababan de "aterrizar" en nuestro país. Porque, saber hablar la lengua de un lugar, te ayuda a unirte a las personas y la cultura de ese país.
I have volunteered for the Red Cross, for example, teaching Spanish to foreigners who have just arrived in our country, because it is fundamental for them to speak the language in order to get closer to our culture and people.

Pero también es muy importante para estudiar, trabajar...
Obviously, it is also a key element for studying or working.

Imagínate cuando llegas, y, encima, no puedes permitirte pagar unas clases de ese idioma.
Imagine arriving to a place and not even being able to afford getting lessons to learn the national language.

Para mí es un honor poder ayudar a esta gente a aprender el español. Estas clases las doy de manera voluntaria.
For me, being able to help them learn Spanish is an honour, and so I give these lessons as a volunteer.

Según el centro, son una o dos horas a la semana.
Depending on the centre where they are taking place, they take about one or two hours a week.

Sobre todo nos centramos en que estas personas aprendan cosas útiles para la vida diaria: comidas, moverse por una ciudad, verbos esenciales del español, entender lo mejor posible cuando alguien les habla…
We concentrate mainly on topics useful for their everyday life: food, getting around the city, essential Spanish verbs, listening skills for them to understand when spoken to, etc.

También he colaborado con organizaciones que ayudaban a niños en situaciones de exclusión social.
I have also worked with organizations that help children in situations of social exclusion.

Quizá os preguntaréis qué es esto de "exclusión social".
Perhaps you are asking yourselves what I intend to say by "social exclusion."

Es una expresión que ha nacido en los últimos años, para no discriminar diciendo "gente pobre" o términos más despectivos.

I suppose it is a new term that has been adopted in the last few years with the intention of avoiding discrimination or derogatory terms being used, such as "poor people" or worse.

Por lo general, se define como situaciones en las que los niños pueden tener menos oportunidades que otros: por pobreza, por situaciones de violencia en su entorno, por abandono de sus padres...

Generally, we are referring to situations where children have fewer opportunities, due to poverty, situations of violence in their environment, abandonment, etc.

Bueno, son situaciones duras, en general, no os voy a engañar: he visto prácticamente de todo.

In most cases, these situations are very hard indeed, I won't lie to you; I have seen all sorts of things.

Desde hace unos meses, y gracias a la Fundación Acción Geoda, he podido unir mis dos pasiones: la solidaridad y la montaña.

For several months now –and thanks to the "Fundación Acción Geoda"[2]-, I have been able to link my two passions: solidarity and mountaineering.

Una fundación es otro tipo de organización sin ánimo de lucro.

A "fundación" (foundation) is a different type of non-profit organization.

En concreto, Acción Geoda trabaja por la integración y la mejora de las relaciones de dos países muy cercanos: España y Marruecos.

"Fundación Acción Geoda" works specifically on the integration and improved relations between two close countries: Spain and Morocco.

Lo hacen trabajando con una de las zonas más pobres y deprimidas de este segundo país: el Atlas.

They do so by working in one of the poorest and most depressed areas in Morocco: the High Atlas Mountain Range.

España y Marruecos están tan cerca... y a la vez, ¡tan lejos!

Spain and Morocco are so close to each other... and yet so far!

Marruecos es lo que se llama un "país en vías de desarrollo". Sus principales ciudades han avanzado años luz en estos últimos diez o quince años.

Morocco is still considered a developing country, though the main cities have advanced greatly during these last ten to fifteen years.

Prácticamente, han salido de la edad media a la contemporánea.

Essentially, they have exited the middle ages and entered the modern world.

Sus habitantes más jóvenes son cosmopolitas que hablan árabe, bereber y francés, sin ningún problema.

The young inhabitants are cosmopolitan and they speak Arabic, Berber and French without difficulty.

Salen por las noches con sus amigos, sueñan con un buen trabajo, ir a la universidad y labrarse un futuro.
They go out at night with friends, they dream about getting a good job someday, going to university and creating a good future for themselves.

Se divierten con sus móviles, escuchando músicas modernas.
They enjoy technology, like smart phones, and listen to modern music.

Sin embargo, esto son las ciudades, y, a pesar de lo grandes que son, Marruecos sigue siendo un país eminentemente rural.
However, this can be found only in the urban areas; Moroccan cities might be big, but the country remains essentially rural.

La población en el campo poco a poco tiene más acceso a las mejoras de infraestructuras del país.
People in the countryside are slowly starting to have access to the country's infrastructural improvements.

Pero este es un país con una naturaleza salvaje y con unas de las montañas más inaccesibles de África: el Atlas.
Nevertheless, Morocco is a country of wild natural areas and it has one of the most inaccessible mountain ranges in Africa, The High Atlas.

Con picos de más de cuatro mil metros, el Atlas es

uno de los destinos favoritos de nosotros, los montañeros españoles.

In the High Atlas Mountains, you can find peaks higher than four thousand meters -this destination stands as one of our favourites (we, the Spanish mountaineers).

Cuando vamos, descubrimos inmensos valles, bellas montañas y, además, gentes nómadas que habitan los valles altos en invierno con su ganado, y los pequeños pueblos de los valles bajos en verano.

You can discover immense valleys and beautiful mountains. You can also come across the nomad tribes and their flock; they inhabit the high valleys during winter and the low ones in the summertime.

Una gente hospitalaria, amigable y sencilla, que vive en condiciones muy, pero muy duras.

The nomads are very hospitable, friendly and modest; their living conditions are very, very hard.

En muchos sitios la electricidad aún está por llegar, en la mayoría, hace poco que ha llegado.

Electricity has still not arrived to many places, or if it has, it is only a recent occurrence.

El agua se saca de pozos o del río, donde las mujeres lavan a mano toda la ropa de su familia. Y... ¡allí las familias son muy numerosas!

They get their water from wells or from the river, also where women hand-wash their family's clothes (and families over there are very large!)

Las mujeres también se ocupan de las cosechas y de recoger los frutos de los árboles frutales de las tierras de la familia, que suelen estar junto al río. Women are also the ones that look after the harvesting and collection of fruit from the trees within the family's land, normally near the river.

Se encargan también de hacer el té cuando algún extranjero como nosotros, pasa por allí.
Additionally, it's always the women that prepare the tea when a visitor (as was in our case) passes by.

El té es la forma de los bereberes de estas montañas de darte la bienvenida.
Berbers inhabiting these mountains always welcome visitors with tea.

Pues bien, con Acción Geoda ya son dos las veces que he podido viajar a uno de estos valles mágicos, encantadores y llenos de gente increíble.
Because of the work I do with "Acción Geoda", I have had the fortune to travel twice to these wonderful valleys, where people are so incredible.

Este año y el año pasado, con las vacaciones de Semana Santa, pude enrollarme en un par de viajes en los que se ha construido y acondicionado una escuela en el valle de Tessaout.
Both this and last year, during the Easter Holidays, I was able to tag along on a few trips where a school was being built and set up in the Tessaout valley.

El segundo viaje fue de lo más divertido: un montón de aventureros españoles cargados de bolis, cuadernos, lápices, pinturas de colores, estuches, libros para colorear, folios... en fin, todo lo que un niño puede necesitar como material escolar.

I had a lot of fun during the second trip especially, there we were, a group of adventurous Spaniards, heavily loaded with all sorts of school material a child may need (pens, notepads, pencils, crayons, pencil cases, colouring books, sheets of paper, etc.).

Pero también herramientas para los maestros: tizas de colores, mapas del mundo.

We were also bringing material for the teachers, such as various coloured chalks and world maps.

Cuando estamos allí trabajando, la gente del pueblo se deshace en halagos y atenciones con nosotros: son muy agradecidos.

Every time we have been there working, the locals have been incredibly attentive to us, they have always paid us countless compliments, and, in general, are really grateful.

Dormimos en una "gite-de-etape" que montó un agradecido lugareño tras los primeros proyectos de la fundación, para que los graciosos y trabajadores extranjeros tuvieran un lugar más cómodo donde dormir.

We spent our nights at a "Gîtes d'étape", built by a local in an attempt to show his gratitude right after the first projects were completed by the foundation; in order for us –the funny looking and hardworking foreigners- to enjoy a comfortable place to sleep in.

Si alguna vez pasáis por el valle de Tessaout, no

dudéis en preguntar por ella, ¡y decid que os la hemos recomendado!

If you are ever travelling through the Tessaout valley, do not hesitate to ask for this "Gîtes d'étape", and say we recommended it to you!

Lo pasaréis genial, oiréis mil historias de estos locos españoles y ¡beberéis un gran té a la menta mientras véis el río pasar bajo la casa!

You will have a great time, they will narrate countless stories about those crazy Spaniards (referring to us), and you will drink an amazing menthol tea while contemplating the river scuttling away under the house!

[1] Highest mountain peak in the mountain range of Guadarrama.

[2] Spanish not-profit organization.

La feria de los Oh Bej Oh Bej
The Oh Bej Oh Bej Fair

Me llamo Aideen y soy una chica irlandesa de Dublín.
My name's Aideen and I am an Irish girl from Dublin.

Estudio italiano y español en el Trinity College.
I study Italian and Spanish at the Trinity College.

He decidido transcurrir mi tercer año académico en Italia, un país que siempre me ha fascinado.
I decided to spend my third academic year in Italy, a country that has always fascinated me.

Dejé a mi familia y a mis amigos en septiembre.
I left my family and friends in September.

Estaban contentos por mi, dado que desde siempre han sabido que ir a Italia era uno de mis sueños de infancia.
They were happy for me, as they have always known that going to Italy was one of my childhood dreams.

Sin embargo, para ser sincera, fue difícil decir adiós.
However, to be honest, it was difficult to say goodbye.

Me dijeron que aprovechara al máximo esta experiencia y que cuidara mucho de mí misma.
I was told to make the most of this experience and to take good care of myself.

Estaba muy entusiasmada y nerviosa al mismo tiempo.
I was excited and nervous at the same time.

Finalmente hice mi maleta y salí para Milán – la ciudad de la moda, del arte y de los mejores museos de ciencia, pubs tradicionales y restaurantes... y mucho más, como estaba a punto de descubrir.
Finally, I packed my suitcase and set off to Milan - the city of fashion, art and the best science museums, traditional pubs and restaurants... and even more, as I was about to discover.

¡La ciudad era estupenda! Vivía en un apartamento con otra estudiante, Luisa, la cual dentro de poco llegó a ser mi mejor amiga.
The city was great! I lived in a flat with another student, Luisa, who soon became my best friend.

Ella venía de un pueblito de Apulia, la región que forma la parte, así llamada, del tacón de la bota de Italia.
She came from a little village in Apulia, the region that forms the so-called high heel part of the boot of Italy.

¿Habéis pensado en la forma geográfica de Italia? ¡Se parece mucho a una bota de tacón! ¡Siempre lo he considerado bastante impresionante! En todos modos, Luisa estaba estudiando derecho.
Have you thought about the geographical form of Italy? It's so similar to a high heel boot! I've always found it quite impressive! Anyway, Luisa was studying law.

Su sueño era llegar a ser abogada para proteger los

derechos humanos y yo admiraba su entusiasmo y su duro trabajo.
Her dream was to become a lawyer to protect human rights and I admired her enthusiasm and hard work.

Me gustaba mucho mi vida universitaria en Milán
I really enjoyed my uni-life in Milan.

La capital de Lombardía es una de las tres ciudades más pobladas en Italia.
The capital of Lombardy is one of the three most populated cities in Italy.

Todos los días recibe muchos que la visitan, y que llegan de diferentes partes del país, los cuales principalmente toman el tren para ir al trabajo o a la universidad.
Every day it receives visitors from different parts of the country, who mainly commute to work or university.

Milán es oficialmente una metrópoli europea: parece que todo se mueve rápidamente y las personas suelen vivir a un ritmo frenético.
Milan is officially a European metropolis: everything seems to move quickly and people tend to live at a frenetic pace.

Parece que siempre tienen prisa y según yo dan la impresión de ser frustrados, estresados y enfadados.
They always seem to be in a hurry and in my opinion give the impression of being frustrated, stressed and angry.

A pesar de eso, hay unas partes de la ciudad que son

tranquilas, donde la vida no corre tan rápidamente y la gente puede dar un paseo tranquilamente o sentarse en una banqueta sin tener prisa.

In spite of that, there are some areas of the city that are quiet, where life doesn't run so fast and people can have a quiet walk or sit on a bench without being rushed.

En estas partes de la ciudad menos abarrotadas de gente el atmósfera es mucho más relajada.

In these less crowded parts of the city the atmosphere is far more relaxed.

Hay espacio para la diversión o para relajarse.

There is space for fun or for chilling out.

La gente toma la vida a un ritmo diferente y disfruta de la compañía de otras personas – socializa, va a tomarse un café o da un paseo simplemente para admirar las bellezas de la ciudad.

People take life at a different pace and enjoy the company of other people – they socialize, go for a coffee or have a walk simply to admire the beauty of the city.

Me gustaban los dos aspectos de la ciudad, los días frenéticos en la metro atestada de gente y las tardes visitando las exposiciones en el Palacio Real o dando un paseo en el gran parque alrededor del Castillo Sforzesco.

I enjoyed both sides of the city, the manic days in the overcrowded underground and the afternoons visiting the exhibitions in the Royal Palace or strolling in the great park around the Sforza Castle.

Dentro de poco llegó diciembre.
Soon December arrived.

Un día Luisa me invitó a ir a la feria de los Oh Bej Oh Bej.
One day Luisa invited me to go to the Oh Bej Oh Bej Fair.

Es una típica feria de Navidad, que tiene lugar en Milán durante el día de San Ambrosio, el 7 de diciembre.
It's a typical Christmas fair, which takes place in Milan for the day of Saint Ambrose, the 7th December.

¡Es un gran evento!
It's a great event!

La gente puede comprar cada tipo de cosas, de libros, típica comida de Sicilia, productos artesanales, juguetes, antiguos cuadros... ¡prácticamente, todo!
People can buy all kinds of stuff, from books, sweets, typical food from Sicily, handcrafted products, toys, old paintings… basically, everything!

El 7 de diciembre tomamos la metro y llegamos al Castillo Sforzesco, donde tenía lugar la feria.
On the 7th December we caught the underground and arrived at Sforza Castle, where the fair took place.

Había muchísima gente por allá.
There were so many people around.

La calle estaba llena de diferentes tipos de puestos

del mercado.
The street was full of different kinds of market stalls.

Había un puesto que vendía decoraciones de Navidad, uno viejos posters y fotografías, y después habían libros, CDs, vestidos de época, muebles, joyas... ¡Maravilloso!
There was a stall selling Christmas decorations, another one old posters and pictures, then there were books, CD's, retro clothes, furniture, jewelry... Amazing!

Comenzamos a caminar alrededor de los puestos.
We started walking around the market stalls.

¡Nos tardarían muchas horas para visitar toda la feria! Después de un par de horas habíamos visitado sólo unos puestos.
It would take many hours to visit the whole fair! After a couple of hours we had only visited some market stalls.

Luisa y yo estábamos llevando unas bolsas de compra ya.
Luisa and I were already carrying some shopping bags.

Tengo que admitir que estábamos un poco cansadas, pero la feria valía la pena y estábamos listas para continuar a ir de compras todo el día.
I have to admit that we were a bit tired, but the fair was worth it and we were ready to carry on shopping for the whole day.

Sugerí que nos pararamos para comer algo.

I suggested stopping to eat something.

Había visto un puesto que vendía productos típicos de Sicilia y esperaba con impaciencia probar algo.
I had seen a stand selling local products from Sicily and I was looking forward to try something.

Luisa estaba de acuerdo, pero acababa de ver un puesto de libros que vendía libros para niños y no podía esperar para echarle un vistazo.
Luisa agreed, but she had just seen a bookstall was selling children's books and couldn't wait to have a look at it.

Quería comprar algo para su hermanito.
She wanted to buy something for her little brother.

Entonces decidí ir a comprar algo de comer para nosotras, mientras ella podía echar un vistazo allí.
So, I decided to go and get something to eat for us, while she could have a look there.

Había llegado al puesto, cuyo nombre era 'El Padrino', lo que me acordó de la famosa película de Coppola.
I had reached the market stall, whose name was 'The Godfather', which reminded me of the famous film by Coppola.

Habían muchos productos en el puesto, ambos salados y dulces.
There were many products on the stall, both salty and sweet.

Mientras esperaba que tocara a mi, miraba las

especialidades y me di cuenta de cuánta hambre tenía.

While I was waiting for my turn, I was looking at the specialities and I realised how hungry I was.

De repente un chico que estaba esperando su turno también me dijo: 'Parece que tienes mucha hambre' 'Sí, absolutamente... – confesé – ¡así es cómo me siento después de un largo tiempo de compras!' y los dos reímos.

Suddenly, a guy who was also waiting for his turn said to me: 'You look pretty hungry' 'Yeah, absolutely… - I admitted - That's how I feel after a long time of shopping!' and we both laughed.

Era alto y moreno y tenía grandes ojos verdes.

He was tall and dark-haired and he had big green eyes.

Inmediatamente noté que tenía una sonrisa estupenda.

I immediately noticed he had a beautiful smile.

'Me llamo Alessandro, - dijo – pero me llaman Alex. ¡Encantado de conocerte!'

'My name's Alessandro, - he said - but they call me Alex. Nice to meet you!'

Hablamos un poco mientras estábamos delante del puesto.

We talked a bit while we were at the stall.

Tenía 24 años y estaba estudiando medicina

He was 24 and was studying medicine.

Alex era de Milán y vivía con sus padres en las afueras.
Alex was from Milan and lived with his parents in the suburbs.

Parecía majo y cordial y me preguntó que estaba haciendo en Italia (debió de realizar que estaba allí de visita).
He seemed nice and friendly and asked me what I was doing in Italy (he must have realised I was visiting).

Le dije que estaba en la feria con una amiga, Luisa, que mientras tanto me había alcanzado en el puesto con unos libros para niños en sus manos.
I told him I was at the fair with a friend, Luisa, who meanwhile had reached me at the stall with children books in her hands.

Lo presenté a Luisa y él nos invitó a comer con él.
I introduced him to Luisa and he invited us to have lunch with him.

Aceptamos.
We agreed.

En el puesto compramos unos 'arancini' y dos rebanadas de pizza.
We bought some 'arancini' and two pizza slices at the stall.

Encontramos una banqueta donde podernos sentar en Parque Sempione y fuimos allí para lo que dentro de poco se convirtió en un picnic 'invernal'.
We found a bench where we could sit in Simplon Park

and went there for what soon became a 'winter' picnic.

Lo pasemos estupendamente: reímos y hablamos mucho durante el almuerzo.
We all had a lovely time: we laughed and talked a lot while we were having lunch.

Me encanta la comida italiana, ¿ ya vosotros? Nunca había probado 'arancini' y Alex me explicó qué eran.
I love Italian food, don't you? I had never tried 'arancini' before and Alex told me what they were like.

Son unas pelotitas fritas de arroz, con mozzarella, salsa de tomate y guisantes... ¡Y están muy ricas! ¡He pensado que nunca antes había probado algo tan delicioso!
They are fried rice balls, filled with mozzarella, tomato sauce and peas... And they are so good! I thought I had never tasted something so delicious before!

Más tarde decidimos continuar a visitar la feria juntos.
Later on we decided to carry on visiting the fair together.

He tenido la impresión de que aquel día fuera lleno de magia, había una auténtica atmósfera navideña en el aire de Milán que llenaba mi corazón de alegría.
I got the impression that that day was full of magic, there was an authentic Christmas atmosphere in the air of Milan which filled my heart with joy.

Hablé mucho con Alex y dentro de poco descubrí que teníamos muchas cosas en común.
I talked a lot to Alex and soon found out we had many

things in common.

Hablar con él parecía ser tan natural que sentí que lo conocía desde siempre.
Talking to him seemed to be so natural that I felt I had always known him.

Dentro de poco se oscureció y, desafortunadamente, tuvimos que irnos.
It soon became dark and, unfortunately, we had to leave.

Me sentía un poco triste, porque no sabía cuándo volvería a ver a aquel chico majo.
I felt a bit sad, because I didn't know when I would see this nice guy again.

Los dos éramos un poco tímidos y no nos atrevimos a pedirnos nuestros números de teléfono, así que sólo nos dijimos adiós.
We both were a bit shy and we didn't dare to ask our phone numbers, so we just said goodbye.

Una vez en casa, dije a Luisa como me sentía.
Once back home, I told Luisa how I was feeling.

Ella se había dado cuenta de que había "aquel algo especial" entre Alex y yo.
She had realised there was "that special something" between Alex and me.

'¡Pienso que estaríais perfectos juntos! Estoy segura de que lo vas a encontrar todavía...'
'I think you would be perfect together! I am sure you'll meet him again...'

Tenía razón.
She was right.

¡Pasó! ¡Os estoy diciendo la verdad!
It happened! I am telling you the truth!

Dos semanas después me tropecé con él en la estación de trenes.
Two weeks later I met him by chance at the train station.

Yo estaba iendo al aeropuerto para ir en avión a casa por Navidades.
I was going to the airport to fly home for Christmas.

Esta vez me pidió mi número de teléfono y me deseó una feliz Navidad.
This time he asked me for my phone number and wished me a happy Christmas.

Después de un par de minutos recibí un mensaje y leí: '¡Nunca voy a olvidarme de aquel maravilloso día en la feria!'
After a couple of minutes I received a text message and read: 'I will never forget that wonderful day at the fair!'

Esto fue mi primer y mejor regalo de Navidad.
That was my first and best Christmas present.

Esperaba con impaciencia volver a verlo.
I couldn't wait to see him again.

Aquel día dejé la hermosa Milán y sonreí pensando

en Alex.

That day I left beautiful Milan and smiled thinking about Alex.

Anna y yo
Anna and I

Viaje a Italia, donde conocí a la chica de mis sueños
Journey to Italy, where I met the girl of my dreams

1) ¡Un país extraordinario!
1) An extraordinary country!

Cuna del más grande arte clásico, de las más deseadas marcas de moda, de tanta comida y tierra del amor, Italia es un destino de sueño para quien esté planeando un viaje por Europa
Home to the greatest classical art, the most desired fashion brands, lots of food, and land of love, Italy is a dream destination for anybody who is planning a European tour.

Dotada de innumerables antiguas ruinas, edificios góticos, templos bizantinos y castillos medievales, Italia rinde homenaje a significativos períodos históricos como el Imperio Romano y el Renacimiento.
Endowed with innumerable ancient ruins, gothic buildings, byzantine temples and medieval castles, Italy pays homage to significant historical periods like the Roman Empire and the Renaissance.

Cuando se trata de la cocina italiana, muy querida en el mundo, desde la verdadera pizza hasta los

71

apetitosos dulces, no hay nada que hacer si disfrutarla.
When it comes to Italian cuisine, which is much-loved all around the world, from real pizza to tasty desserts, there is nothing you can do but luxuriate in it.

Acabo de transcurrir un periodo de tiempo en Italia (durante todo el mes de agosto) en el cual he tenido la oportunidad de visitar las más importantes ciudades artísticas, hasta Roma y Nápoles.
Italy is where I have just spent a period of time (the whole month of August), during which I had the opportunity to visit the most important arts cities, including Rome and Naples.

2) Mi experiencia personal
2) My personal experience

Mi cuento ha sido dictado por dos factores fundamentales: la admiración hacia este estupendo país y hacia sus bellezas, no sólo naturales, sino también desde el punto de vista femenino.
My account is dictated by two main factors: the admiration for this fabulous nation and its beauties, not only the natural ones, but also from the point of view of female inhabitants.

De hecho, cuando llegué al aeropuerto internacional de Fiumicino, mientras tomaba el tren que me llevó a la estación central de Roma Termini, pude admirar tantas chicas preciosas que nunca antes había visto al mismo tiempo.
In fact, when I arrived at Fiumicino international airport, while taking the shuttle train that took me to

Roma Termini (the central station), I was able to admire many beautiful girls - I had never seen so many at once.

Con respecto a eso, os cuento de mi única y grande conquista, con la que salgo todavía hoy en día, y de la que, para decir la verdad, estoy perdidamente enamorado.
With regard to this, I'll tell you about my only and great conquest, who I am still dating, and with whom, to tell the truth, I am madly in love.

Roma es la capital de Italia y ofrece una historia milenaria.
Rome is Italy's capital city and offers a millennial history.

Lo más importante que se pueda ver, aparte del legendario Coliseo o de los sitios arqueológicos, es la cúpula de San Pedro.
The most important thing to see, apart from the legendary Coliseum or the archaeological sites, is Saint Peter's Cupola.

3) ¡Aquí viene Anna!
3) Here comes Anna!

Aquí es donde conocí a la chica de la que os hablé.
Here is where I met the girl I have told you about.

Se llama Anna y vive en Nápoles, en el sur del país, un lugar estupendo, como veremos.
Her name is Anna and she lives in Naples, in the South of the country – a fantastic place, as we will

73

see.

Aquel día llovía y ella amablemente se ofreció para llevarme bajo el paraguas hasta la taquilla donde se puede comprar el boleto para visitar la cúpula desde lo alto.

It was raining that day, and she kindly offered me a lift under her umbrella, up to the ticket office where you can buy the ticket to visit the Cupola from the top of it.

La espera para la entrada (la cual ocurre en grupos) hizo que estuvimos durante mucho tiempo uno cerca del otro, el tiempo necesario para informarnos sobre nuestros nombres y lugar de nacimiento.

The wait for the admission (which occurs in groups) let us stay near each other for a long time, enough to inform ourselves about our names and places of origin.

Una vez llegados a lo alto de la cúpula (y no sin esfuerzo, por los muchos escalones inclinados y estrechos), nos encontramos a admirar la ciudad eterna y a sacarnos bonitas fotos como recuerdo.

Once we got to the top (not without an exertion because of the lots of sloping and narrow steps) we found ourselves admiring the eternal city and taking beautiful souvenir photos.

El resultado fue que quedamos por la tarde, cenamos en un pequeño restaurante que ofrecía un menú turístico y después dimos un paseo a orillas del Tevere, que desde siempre divide la ciudad en dos partes.

The result was that we met in the evening, had dinner in small restaurant with a menu for tourists and then

*took a walk on the banks of the river Tevere, which
has always cut the city into two.*

Al despedirnos, decidimos vernos en su ciudad nativa
(Nápoles), dado que mi programa incluía una visita a
las cercanas y muy conocidas Sorrento y Capri.
*Saying goodbye, we decided to meet in her
hometown (Naples), as my programme included a
visit to the near and well known Sorrento and Capri.*

Yo llegaría a su ciudad dos días más tarde, mientras
que ella volvería a casa ya la mañana siguiente.
*I would reach her city two days later, while she would
already come back home the following morning.*

Aquella noche me quedé despierto y lo único que
hice fue pensar en ella, en su pequeñita nariz, en sus
rizos morenos y en su sonrisa embriagadora.
*That night I lay awake and I did nothing but thinking of
her, her cute nose, her dark curls and her heady
smile.*

4) ¡Mi preciosa Nápoles!
4) My beautiful Naples!

Después de haber saboreado una "verdadera" pizza
en su Nápoles, donde es posible pasar todo un día
visitando cualquier tipo de lugar, entre monumentos,
castillos, iglesias, museos y las dos calles principales
(llamadas "decumani" superior e inferior), algo que
hicimos juntos naturalmente, mis ojos estában
completamente cubiertos de jamón.
*After savouring a "proper" pizza in her Naples, where
it is possible to spend a whole day visiting every sort*

of place, amongst monuments, castles, churches, museums and the two main streets (called upper and lower decumano)- which is something we obviously did together -, my eyes were completely covered in ham.

Ésto es lo que se dice en Nápoles cuando alguien es tan feliz que ve sólo bienestar y alegría.
That is what they say in Naples when someone is so happy that he can only see well-being and glee.

Entonces no pude evitar preguntarle si le apetecía acompañarme en mi visita programada a Sorrento y Capri el día siguiente.
So I couldn't help asking her if she felt like accompanying me in my planned visit to Sorrento and Capri the following day.

En realidad, eso no me interesaba tanto, después de haber conocido a Anna.
As a matter of fact, I didn't care much about it after I had met Anna.

A mi pregunta aceptó un poco vacilante, pero claro que no por mi propuesta, sino por el programa apretado y por un poco de vergüenza (que después me confesó haber sentido).
At my question, a bit hesitating, of course not because of my proposal, but rather due to the tight schedule and a little embarrassment – which she later admitted to have felt - she accepted.

5) ¡Te quiero, Anna!
5) I love you, Anna!

A este punto, podría seguir hablando como un turista, pero no lo voy a hacer. No os hablaré de las bellezas naturales que he visto en esos maravillosos lugares, sino que quiero que sepáis cómo fue todo al final.

At this point, I could keep on talking like a tourist, but I won't – I won't tell you about the natural beauties I saw in these two marvellous places. Instead, I want to let you know how it all ended.

Las dos visitas duran un día; se puede alcanzar el primer destino (Sorrento) aproximadamente en una hora en un pequeño tren llamado "circumvesuviana", propio porque sigue una ruta semicircular alrededor del muy conocido volcán.

Both visits last one day; the first destination (Sorrento) can be reached in about an hour with a small train called "circumvesuviana" exactly because it follows a semicircular path around the well-known volcano.

Se trata de una ciudad que representa una pequeña joya por sus bellezas naturales (mar y montañas), comida y nivel de vida.

It is a town that represents a small jewel because of its natural beauties (sea and mountains), food and standard of living.

Se puede llegar a Capri, por otro lado, en hidroavión o en barca.

Capri, on the other hand, is reachable by hydroplane or ferry.

Nosotros optamos por la segunda opción, dado que es más lento y más panorámico.

We opted for the second, as it is slower and more scenic.

Aquí en la cubierta del barco, en el aire libre por lo tanto, dado que hacía un calor sofocante, entre un comentario, una descripción del golfo y un caramelo, nos dimos un beso de improviso, lo que ahora no sólo representa una ocasión particular para nosotros, sino nuestro recuerdo mejor.

Here, on the deck – in the open then (because it was sizzling hot) – between a comment, a description of the gulf and a candy, we let a little kiss slip, which now isn't just a particular occasion to us, but represents our most beautiful memory.

Tanto que en unos días ella vendrá a visitarme en mi ciudad nativa (Madrid) y yo espero con impaciencia volver a verla y decirle personalmente lo que le he dicho todos los días por mail durante esos tres meses de separación, es decir: ¡Te quiero! (Ti amo!/I love you!).

So much so that she is coming to visit me in my home town (Madrid) in a few days and I can't wait to see her again and to tell her face-to-face what I have been telling her everyday via e-mail during our three months of separation, that is: Te amo! (I love you!)

6) ¡Atracción fatal!
6) Fatal attraction!

La ciudad de Nápoles, que no conocía y que aprendí a apreciar también más tarde, en Octubre, hizo que aprendiera mucho desde el punto de vista cultural, pero también desde el aspecto social y humano.

The city of Naples, which I didn't know and which I have also learnt to appreciate later (in October), has made me learn a lot from the cultural point of view, but also from the social and human ones.

Escuchando (de Anna) cuentos particulares, a veces con consecuencias tragicómicas, típicas de una cultura griega profundamente arraigada, donde la vida cotidiana se mezcla con el bienestar, la alegría y los problemas, he descubierto una ciudad sin igual en el mundo.
Hearing (from Anna) peculiar stories, sometimes with tragicomic implications - typical of a well-rooted Greek culture, where everyday life combines itself with well-being, glee and bothers – I have discovered a city that has no parallel in the world.

Al juzgarla y al describirla, muchos dicen que se parece a mi España y quizás es verdad; que se parece a los países de América Latina, y también eso puede ser así.
Many, in judging and describing it, say it's similar to my Spain, and that's maybe true; that it looks like the countries in South America, and this may also be true.

Será porque me desvivo por causa de mi Anna, pero pienso que es una ciudad que te hace sentir realmente libre y amar la vida;
It may be because I see double because of my Anna, but I think that it is a city that makes you feel truly free and love life;

He entendido realmente que el amor, y no sólo el que siento dentro de mi para Anna, vive aquí, en una

79

ciudad donde la vida, a pesar de todo, es preciosa y hay que apreciarla, también gracias a esa gente maravillosa, que a menudo y erróneamente es descrita como grosera y perezosa.

I have actually understood that love – and not only the one for Anna I bring inside myself – lives here, in a city where life, in spite of everything, is beautiful and has to be appreciated, also thanks to these wonderful people, often erroneously described as rude and lazy.

Si estáis planeando organizar un viaje a Italia y queréis visitar a las ciudades artísticas, no hay duda: Roma es preciosa, vale la pena descubrirla y admirarla, así que lo merece realmente;

If you are planning to organise a journey to Italy and you want to visit arts cities, there are no doubts: Rome is beautiful, worth discovering and admiring, so it really deserves it;

pero para descubrir un nuevo mundo, sus bellezas, y para realizar uno de los sueños de vuestra niñez (propio como hice yo) id a Nápoles y encontraréis lo que os falta y lo que buscáis desde siempre.

but to discover a new world, its beauties and to realise one of your childhood dreams (just like I did!), go to Naples and you will find what you miss and always have been looking for.

Un beso en Florencia
A kiss in Florence

¡Voy allá para estudiar arte y encuentro el amor de mi vida!
I go there to study art and I find the love of my life!

1) Para conocer el arte
1) To get to know art

Dicen que París es la ciudad del romanticismo, ¡pero yo no estoy completamente de acuerdo!
They say Paris is the city of romance and lovers, but I do not completely agree!

Yo, al contrario, he encontrado el verdadero amor de mi vida en Florencia.
I, instead, have found the true love of my life in Florence.

Acababa de llegar a Italia para mis estudios como restauradora de bellas artes, habría tenido que transcurrir todo un año academico en la ciudad y estaba muy emocionada al pensar de aventurarme en una nueva lengua y en una nueva cultura.
I had just arrived in Italy because of my studies as a fine arts restorer; I should have spent a whole college year in the city and I was very excited at the idea of plunging into a new language and culture.

En realidad, no sabía adónde esa experiencia me llevaría, dado que se trataba de mi primera larga estancia en un país extranjero, después de licenciarme en Melbourne.
I actually didn't know where this experience would take me, since it was my first long stay in a foreign country after earning a degree in Melbourne.

Una de mis pasiones, aparte del arte, es el canto y quería sacar provecho de la oportunidad de conocer mejor también este noble arte en el país de Verdi y de "Mister Volare".
One of my passions, apart from art, is singing, and I wanted to take advantage of the opportunity to get to know this noble art better in Verdi's and "Mister Volare"'s country, too.

A menudo mi escuela organizaba conciertos para hacer conocer la ópera, sobre todo la italiana, la cual se integra perfectamente en el contexto artístico y monumental, dado que muchas obras se componían para iglesias y academias.
My school often organised concerts in order to make the opera known, especially the Italian one, which perfectly integrates itself with the artistic and monumental context, as many works were composed for churches and academies.

Para mi, esa era una gran oportunidad para encontrar gente de mi edad.
To me, this was a great opportunity to meet some people of my age.

2) ¡El encuentro!

2) The meeting

En cuanto llegué a la estación de Santa Maria Novella, me di cuenta de que dentro de poco alguien llegaría a ser una parte importante de mi vida.
As soon as I arrived at Santa Maria Novella railway station, I understood that someone would soon become an important part of my life.

Lo primero que noté de él aquel día, delante de la academia, fue que era alto, pero lo que realmente me llamó la atención fue su largo pelo negro y sus ojos oscuros.
The first thing I noticed about him that day in front of the academy was that he was tall, but what really caught my attention were his long black mane [hair] and dark eyes.

Con torpeza pregunté si estaba en el justo lugar y él me aseguró que sí, pero me dijo que el concierto no tendría lugar aquel día por una huelga contra el gobierno por los recortes a la cultura.
I clumsily asked if I was in the right place and he assured me that I was, but he told me that the concert wouldn't take place that day, due to a strike against the government because of spending cuts to culture.

Mientras me hablaba, seguía navegando desde su ordenador.
While he talked to me, he kept surfing on his laptop.

Pero aquel breve diálogo fue (para los dos) un pretexto para charlar un rato y más tarde me di cuenta de que había entrado en un buen grupo de amigos que como yo estudiaban y amaban la música

clásica;
But that short dialogue was - for us both - a pretext to chat, and later I found out I had entered a nice group of friends who, like me, studied and loved classical music;

de hecho, al cabo de un rato llegaron antes una pareja y después dos otros chicos, una chica morena y con una nariz respingona, y un chico pelicorto, alto y delgado.
in fact, after a while came first a couple, and then another two guys, a snub-nosed girl with brown hair and a tall, slim short-haired boy.

De un solo golpe, de ser sola me encontré en un pequeño grupo de amigos muy simpáticos.
At a stroke, from being alone I found myself with a small group of very nice friends.

Después nos despedimos, prometiéndonos que quedaríamos el martes siguiente para asistir al concierto por fin.
We said goodbye to each other after a while, promising we would meet again on the following Tuesday to finally attend the concert.

Pero en aquel momento tenía que volver a casa y empezar a planear mis estudios.
But now I had to go back home and start planning my studies.

3) ¡Mi dulce Roberto!
3) My sweet Roberto!

Un sábado por la mañana, mientras esperaba el autobús que me llevaría de la academia de bellas artes a Rivoli, donde vivía yo, oí a alguien que me llamaba: "Jenny! Jenny!"

On a Saturday morning, while I was waiting for the bus which would take me from the academy of fine arts to Rivoli, where I lived, I heard someone calling my name: "Jenny! Jenny!".

Me giré y vi al hermoso chico que tan amablemente había hablado conmigo y con sus amigos el martes pasado, delante de la academia musical.

I turned around and saw the handsome boy who had kindly spoken with me and his friends the previous Tuesday, in front of the music academy.

Estaba hablando con sus amigos y mientras tanto masticaba una bolsa de papas fritas.

He was talking to his friends and chewing up a bag of chips in the meantime.

Me acerqué nerviosamente a él, que sin vacilación me invitó a compartir la bolsa de papas fritas.

I nervously got closer to him who, without too much hesitation, invited me to share his bag of chips.

Mientras tanto, sus amigos se despidieron de nosotros y quedamos solos, así que decidimos dar un paseo por el centro histórico de Florencia.

Meanwhile, his friends greeted us both and we found ourselves alone, so we decided to take a walk in the historical centre of Florence.

4) ¡Toda culpa de Cupido!

85

4) All because of Cupid!

Por fin aquel día conversemos realmente por primera vez y al final, cuando estábamos por volver a casa, él me interrumpió y dijo: "Pues, he tenido la ocasión de conocer a una chica estupenda!"

On that day we finally had our first real conversation and in the end, when we were about to go back home, he interrupted me and said: "Well, I've had the opportunity to meet a wonderful girl!".

Inmediatamente después de eso nos despedimos en el tradicional modo italiano, con un beso en cada mejilla.

Immediately after that we said goodbye in the traditional Italian way, with a kiss on both cheeks.

Pensaba que no volvería más a verlo, pero un buen día vino el momento para un concierto en Palazzo Vecchio.

I thought I wouldn't see him anymore, but one fine day the time came for a concert in Palazzo Vecchio.

Se trata de una magnífica residencia renacentista que pertenecía a la familia de los Medici y ahora es la sede del ayuntamiento.

That is a magnificent residence of the Renaissance, it belonged to the Medici family and is now the town council's seat.

Es absolutamente fantástica y todos los políticos locales van allí casi cada día para ocuparse de asuntos de interés público.

It is absolutely fantastic and all local politicians go there almost every day to deal with issues of public interest.

Nos vimos después del concierto, porque yo estaba sentada en primera fila y él en la última.
We met after the concert, as I was sitting in the first row and he in the last one.

En aquel momento me preguntó qué tenía en programa durante el resto del día.
At that point he asked me what I had planned for the rest of the day.

Cuando le dije que estaba por ir a almorzar en el centro, me preguntó si me apetecía comer junto a él.
When I told him that I was about to go to lunch in the city centre, he asked if I felt like having lunch with him.

"¡Claro!" le contesté.
"Of course!" I answered.

Comimos muy bien en un restaurante rústico y después de salir de la trattoria dimos un paseo a orillas del Arno, el río que fluye por esta encantadora y romántica ciudad.
We ate very well in a rustic restaurant and after getting out of the trattoria we took a walk on the banks of the Arno, the river which flows through this enchanting and romantic city.

La parte mejor (inolvidable para mi) fue cuando nos quedamos un rato en el Ponte Vecchio y apreciamos la vista al río.
The best part (unforgettable to me) was when we stopped on Ponte Vecchio for a while and

appreciated the view on the river.

Luego, inmediatamente después, sacamos una foto juntos con el maravilloso paisaje florentino en el fondo.
Then, immediately afterwards, we took a photo together with the wonderful Florentine landscape in the background.

Al final de este día extraordinario me acompañó a casa y mirándome a los ojos se despidió de mi con un simple "Ciao" y un beso en la mejilla.
At the end of this amazing day he accompanied me home and, looking in my eyes, he said goodbye with a simple "Ciao" and a kiss on the cheek.

¡La flecha de Cupido me había golpeado!
Cupid's arrow had struck!

5) Un día inolvidable.
5) An unforgettable day

Dos semanas más tarde fui a la fiesta de graduación de una amiga que había conocido en Florencia y ¿quién encontré allí? ¡Roberto!
A couple of weeks later I went to the graduation party of a friend I had met in Florence, and who did I meet? Roberto!

Fue un momento maravilloso, pero desafortunadamente no volveríamos a vernos durante cierto tiempo por las vacaciones de Navidad (yo tenía que volver a casa un mes).
It was a wonderful moment, but we unfortunately

wouldn't meet again for a while because of the Christmas holidays (I had to go back home for a month).

Pasé un mes con mi familia, pero tenía que volver a Florencia en Enero.
I spent one month with my family, but I had to go back to Florence in January.

El día de Navidad me escribió un mail dulce en el cual decía que me quería y que estaba esperando mi vuelta a Florencia.
On Christmas day, he wrote me a sweet email in which he said he loved me and was waiting for my return to Florence.

Yo no pensaba más en él (o por lo menos intentaba no hacerlo), ¡pero sus palabras habían excavado un surco en mi corazón!
I didn't think about him anymore (or at least I tried not to) but his words had dug a deep furrow into my heart!

6) ¡El triunfo del amor!
6) Love's triumph!

Finalmente enero llegó (era el día después de la Epifanía), él vino a buscarme en la estación de Florencia y me había traído un regalo.
January eventually came (it was the day after the Epiphany), he fetched me at Florence's railway station and he had brought a present.

Era una caja en forma de grande caramelo con

dentro chocolatinas.
It was a big candy-shaped box with chocolates in it.

Luego nos pusimos de acuerto para ir a cenar juntos aquella misma tarde para celebrar nuestro nuevo encuentro.
We then agreed upon going to dinner together that same evening to celebrate our new encounter.

Al final de la tarde se acercaba el momento de volver a casa, pero antes de eso nos sentamos en un muro bajo a orilla del río y hablamos todavía durante un largo rato.
At the end of the evening the time to go home was approaching, but before that we sat on a low wall on the bank of the river and talked again for a long time.

Yo llevaba un vestido azul y él me dijo que era muy bonito.
I was wearing a blue dress and he told me it was very nice.

Le agradecí y luego él, sin vacilación, se dobló hacía mi y me besó en los labios
I thanked him and then he, without hesitating, bent and kissed me on the lips.

De aquel día en adelante hemos estado juntos durante el resto del semestre y nuestra relación dura todavía, a pesar de que vivimos en dos países diferentes.
From that day on we have been together for the rest of the semester and our relationship still lasts, although we live in two different countries.

Hasta pensamos en casarnos, pero vamos a organizar nuestra boda sólo después de haber decidido dónde vivir, ¿en mi país o en el suyo?
We even think of getting married, but we will organise the wedding only after choosing where to live – in my country or his?

Así las cosas, ¿qué puedo decir? ¿Es un sueño? Si lo es, ¡por favor no me despertéis!
At this point, what can I say? Is it a dream? If it is, please don't wake me up!

Carlo y la liebre
Carlo and the hare

Esa historia trata de un chico al que le gustaba jugar, y que soñaba ser un cazador.
This story is about a boy who loved playing and dreamt of becoming a hunter.

Un día, un encuentro con una liebre, cambiaba su modo de pensar... ¡para siempre!
One day, a close encounter with a hare made him change his mind... for ever!

El camino que separaba el bosque era bastante tosco, porque no se ha cuidado por años.
The path which divided the wood was quite bumpy because no one looked after it since many years.

El bosque era privado, y el dueño, un hombre mayor, no podía hacerse cargo.
It was a private wood and the owner, who was an elderly man, couldn't take care of it.

Sin embargo, madrugaba cada mañana, para destruir el refugio de ramas secas construido por Carlo y sus amigos (los chavales del pueblo) el día anterior.
Anyway, he woke up very early every morning to destroy the hut of dry branches that Carlo and his friends (the boys from the village) had built the day before.

Carlo estaba capaz de andar y jugar en ese camino con los ojos cerrados, por qué había crecido allí, aunque solo iba en verano.
Carlo could walk and play on that path with his eyes closed because he had grown up there, even though he only went there in summer.

El bosque estaba lleno de pinos, abetos, alerces, plantas de arándanos y arbustos de frambuesas.
The wood was full of pines, spruces, larches, blueberry plants and raspberry bushes.

El niño lo conocía de corrido y sabía las piedras a confiar, por lo que evitaba las que eran inestables o cubiertas de musgo deslizante.
The boy knew it by heart and knew which stones to trust, avoiding the less firm ones or those covered in slippery moss.

Carlo sabía lo peligroso que es herirse en el bosque; efectivamente, podían pasar muchas horas hasta que alguien le encontraría, posiblemente con una fractura de pierna – además, llegando a casa, le hubiera esperado un castigo duro de sus padres, en la forma de cuatro golpes en el culo (los menos duros), o dos golpes con la cintura en el muslo, los últimos permaneciendo visible durante varios días.
Carlo knew that it was very dangerous to get hurt in the wood; in fact, many hours could go by before someone would find him, perhaps with a broken leg – moreover, once he got back home, a severe punishment from his parents would be waiting for him, like four slaps on the bottom (the least serious one) or a couple of blows on the thigh given with a belt, which

would make him remember them for some days.

Carlos amaba al bosque, que por las mañanas cruzaba todos los calveros y agujeros en el suelo, cazando todo tipo de animales con arco y flechas caseros.
The wood was so loved by Carlo, who walked through every clearing and the holes in the ground every morning, hunting every kind of animal with the bow and arrows he had built himself.

El niño no conocía las normas de un buen cazador, y movía en el bosque como un elefante, rompiendo ramas con sus pies, silbando y hablando a voz alta con su amigo de fantasía.
The boy didn't know the rules of a good hunter and he moved through the wood like an elephant, cracking branches with his feet, whistling and talking loudly with his imaginary friend.

Por eso, los animales le podían oír y ver, y se corrían, porque conocían el bosque mucho mejor que Carlo.
So the animals could hear and see him and ran away, also because they knew the wood better than Carlo.

A la hora de la cena, cuando su madre llamaba su nombre, Carlo escondía su arco y flechas debajo de un arbusto y corría a su casa para no llegar tarde.
Around dinner time, when his mum called him shouting his name, Carlo hid his bow and arrows under a bush and ran home to avoid being late.

Todos los días, sobre todo en verano, retomaba la caza sobre las diez de la mañana siguiente.

Every day, especially in summer, the hunting reopened the following morning around ten;

Después del desayuno, Carlo continuaba su casa, pero los animales del bosque nunca se mostraban más.
After breakfast, Carlo went back hunting, but the animals of the wood were never to be seen.

Un día, sucedió algo imprevisto:
One day, the unforeseeable happened:

Carlo volvía a casa como todos los días, además, de forma muy lenta, para no demostrar a sus padres de que venía desde muy lejos.
Carlo was coming back home as every day, and very slowly, so as not to let his parents understand that he was coming from far away.

Andaba su camino habitual, cuando unos veinte metros antes del límite del bosque, al lado de algunas chozas, aparecía una liebre.
He was walking on the usual path when, twenty metres before the wood ended, next to some shacks, a hare came out into the open.

Se movía con saltitos cortos y pequeños, como si fuera buscando algo, o investigando el suelo para encontrar algo comestible.
It moved with small, short leaps, as if it was looking for something or wanted to inspect the ground and find some food.

Cuando veía la liebre, Carlo apenas daba crédito a sus ojos, y su agitación hacía que le salía un pequeño grito de alegría, porque por fin ha visto un animal para cazar.

Seeing the hare, Carlo couldn't believe his own eyes and the excitement made him let out a little yell of satisfaction, because he finally had seen an animal to capture.

La liebre se paraba inmóvil, posiblemente asustado, o no podía ver de dónde había venido este grito, y en qué dirección debería correr.

The hare stopped and stood still, maybe scared by the yell, or maybe it couldn't understand where the yell came from and which way to run away.

Carlo, moviéndose lentamente y aguantando el aliento, cogía su mejor flecha (la más derecha) con una buena punta, tensaba el arco y tranquilamente apuntaba a la liebre – esperando dar al corazón.

Moving slowly and holding his breath, Carlo took the best arrow (the straightest one), with a well-made point, he stretched the bow and calmly aimed at the hare, hoping to strike straight to the heart.

El niño había leído en los libros, que cazando un animal, hay que darle con un solo tiro mortal, para no hacerle sufrir.

The boy had read in books that, when you hunt an animal, you have to hit it with a single deathly blow not to make it suffer.

En lugar de eso, la flecha volaba por el aire, oscilando, y de repente producía un solo sonido escaso.

The arrow flew swaying in the air instead, and all of sudden a single, abrupt, hard sound could be heard.

La flecha iba por los pelos de la nuca de la liebre, y después en el suelo.
The arrow had passed through the hare's neck hair and then sunk in the ground.

El animal, no habiendo visto la flecha acercándose, escuchaba el sonido y lograba correr en la otra dirección.
The animal, which hadn't seen the arrow coming, heard the noise and was able to run away in the opposite direction.

Mientras tanto, Carlos permanecía inmóvil, como paralizado, y ni estaba su amigo de fantasía diciéndole de retomar el arco y puntear en la liebre.
In the meantime, Carlo had stood still, as if paralysed, and even the imaginary friend, who had urged him to take the bow and aim at the hare, was not with him.

Después, Carlo se dio cuenta que había errado el tiro, empezaba de respirar de nuevo y pensaba en lo que sus padres le hubieran dicho si hubiera matado una liebre por diversión.
Carlo then realised he didn't hit it and started to breathe again and to think of what his parents would say, if he killed a hare only for fun.

Se sentía culpable; pero es cierto que no estaba afectado por haber errado el tiro, sino porque ha arriesgado a matar un pobre animalito para nada.
A feeling of guilt was spreading inside him; in fact, he wasn't shocked because he had missed the target, but for having risked to kill a poor little animal for nothing.

97

Entretanto, su madre le llamaba;
Meanwhile, his mother called him;

Carlo escondía a su arco, y caminaba hacia su madre, que le dijo:
Carlo hid his bow and then went toward his mother who, seeing him, told him:

"Vete y lávate las manos, la cena está preparada.
"Go wash your hands, dinner's ready.

Hoy hay conejo con patatas.
We're having rabbit with potatoes tonight.

¿Te gusta el conejo?"
Do you like rabbit?"

Carlo se comía todas las patatas y el pan, y aunque tenía mucha hambre (como siempre), esta noche no probaba del conejo, porque se arrepentía de haber asustado a un pobre animalito solo para divertirse.
Carlo ate all the potatoes and bread and, even though he was very hungry (as usual), he didn't touch the rabbit at all that evening, because we felt regretful of having scared a poor little animal just for fun.

A partir de este día, el joven Carlo no usaba más el arco y las flechas y empezaba a amar los animales con los que se encontraba.
From that day on, young Carlo never used the bow and the arrows again and started to love all of the animals he met.

SPANISH

Los españoles somos pobres

Cuando decides **irte a vivir fuera**, tu vida **se vuelve una basura**. Es así. La gente **lo pinta** como si fuera muy bonito, que si cuántas experiencias, que si cuánta gente conoces, que si mira **Cristóbal Colón, qué bien le fue** con tanto viaje…

Los que dicen eso, lo más que hicieron fue **emborracharse** en un par de **fiestas Erasmus,**y la amiga más **pesada** de tu madre, que tiene un hijo que **está muy bien colocado** en esa empresa tan importante de **vete tú a saber dónde,** ya sabes cómo es. Si estás pensando en irte fuera, **escúchame bien**. No lo hagas. De verdad, tú que aún puedes, no lo hagas. Busca esos contactos lejanos de tu padre, las amigas de tu madre, **trafica con todo, lo que sea**. Me llamo Borja y lo primero que **descubrí** al **mudarme** a Londres es que no **había ni Dios** que **pronunciara** mi nombre correctamente. En estos seis meses he sido "Borya", "Borcha", "Borka" y hasta "B-Boy".

Yo llegué a Londres como todos, con mi **currículo** en la maleta y cuatro abrigos, uno encima de otro, para no pagar el **suplemento** de Ryanair. Lo segundo que descubrí es que los españoles somos pobres. **Así, tal cual.** Tu llegas aquí con 1500 libras **en el bolsillo**, que es en lo que se te quedan más o menos los 2500 euros que traías y que **conseguiste ahorrar** después de vete tú a saber cuántos meses de trabajo, y en un día **te los has fundido**. Habitación: 500 libras. **Y tú pensarás**, por 700 euros será un apartamento **al menos**, ¿no? No. Habitación, **punto**. Si **tienes suerte**, igual viene con cama y armario; si no la tienes, **probablemente venga con rata**. **Fianza**: otras 500 libras. Dios mío, ¿500 libras por qué? ¿Qué me voy a llevar? ¿La rata?

Luego está el transporte, que cualquiera pensaría que por esos precios **en vez del** metro coges un Porsche. Y ahí es cuando descubres **hasta qué punto** eres pobre. Yo llegué ese primer día, vi que no había **tornos** y **me metí** al tren, sin **billete**. Cuando salí seguía sin billete, pero ahora tenía 20 libras menos en el bolsillo y un papelito amarillo de **multa** para **recordarme** que, además de pobre, soy tonto. **Así que** nada, **ahí estaba yo**, en Victoria Station, sintiendo que, salvo "**victorias**", ya había tenido de todo, y ahí **me puse a** esperar a que al hijo de la amiga de mi madre **se le ocurriera aparecer** con la llave de la casa esa que ya me había costado la mitad de **mis ahorros**. Ahí descubrí la tercera gran **lección** que Londres me tenía guardada: en el resto de Europa hace un frío de pelotas. Cuatro abrigos, uno encima de otro, y aún así un frío de esos que te dejan helado de arriba abajo.

Las estaciones en Londres **están llenas de** cafeterías pequeñas y sitios donde comprar algo de comida, porque para ser rico **no hay que perder el tiempo**, así que aquí **todo el mundo va con prisas**, come sándwiches y **se mete a empujones** en los vagones sin **perder la educación** ni **arrugar el traje**. Como **estaba helado** y **el tipo este** no llegaba, me acerqué a la cafetería **más cutre** para mirar a ver si

mi economía podía **permitirse** un café caliente.

Una chica rubia, muy **guapa** y muy inglesa ella, me dijo algo que no entendí, así que yo hice lo que me dijeron en el cole: **asentir** y sonreír. Ella me sonrió también y **se dio la vuelta**, y ahí **me quedé yo**, sonriendo como **un estúpido**, pensando ya cómo **reinventar** esa historia para contarle a **mis colegas** cómo **había ligado** con **la rubia**. Miré **el cartel**. Café, 3 libras, casi 5 euros. **Ni de coña**. Entonces la chica **se giró** otra vez y me puso una taza al lado. Yo miré a izquierda y a derecha, pero allí no había nadie. **No había duda**, era para mí. Vaya, encima un café solo, que no hay quién lo tome. Volví a mirar a ambos lados. Ni había nadie, ni había forma de salir corriendo.

Si hubiera sabido cómo, le habría dicho que no lo quería, pero en ese momento mi inglés **de batalla se limitaba** a "yes", "no" y **"zan kiu"**, así que dije "zan kiu", **desembolsé** las tres libras y me fui **sin devolverle la sonrisa** a la rubia. Cogí mis cosas y me fui a un banco, a esperar en un sitio en el que **una confusión lingüística** no terminara de **arruinarme**. En el banco había una señora **estirada**, un hombre y su perro, que ocupaba el tercer y último **asiento** con una elegancia que asombraría hasta a mi madre. Como el chico no venía y yo no tenía dónde sentarme, me tiré al suelo y me senté sobre la maleta. A ese nivel estaba yo en Londres, por debajo incluso del perro. Tan bajo, tan bajo, que a la que pasó una señora me tiró una moneda en el vaso casi vacío de café. Un poco **flipado, saqué** mi mejor inglés y le dije lo único que se puede decir en esas situaciones:

Ya me estaba **empezando a** mirar **el de seguridad**, probablemente preguntándose si iba a **echarme a dormir** en aquella **esquina**, cuando llegó **el payaso** ese, a **salvar la poca dignidad** que me quedaba. Mucho trabajo **de éxito**, pero ya podía **habérsele pegado** algo de **puntualidad británica**. Si tarda un poco más, igual **me adopta el guardia**.

La carrera de quesos

Me llamo Robert, y les voy a contar ahora como sucedió que yo acosaba como un loco detrás de un queso entero en una cuesta inglesa.

Crecía en una pequeña ciudad Francesa en la provincia de Normandía, donde la comida desde siempre tenía mucha importancia. Las horas de comer permitían a la familia de reunirse, compartir historias, y disfrutar de la compañía de los demás. El mejor momento de una comida común era, cuando se servía el queso, ya que la selección es inmensa en Francia – hay casi 400 tipos de quesos diferentes producidos en todo el país, y yo los he probados todos. Indiferentemente al tipo de queso –queso de cabra, queso de oveja, queso azul, o queso de leche de vaca – yo comía todo. Pronto me conocían como el loco por el queso de la familia: no sorprendía que de niño fui un poco gordito.

Desde el lugar donde crecía en Normandía, podía ver Jersey, una isla del canal, que pertenece al Reino Unido. Mi abuelo me dejaba sentarme en su seno, y contaba historias de Inglaterra y de sus visitas de la isla con el ferry. Estuve joven y curioso, y quería ir a toda costa. Y si iría algún día, querría comer queso.

Un día, todos estaban dispuestos a hacer un pequeño viaje de ferry a la isla desde St. Malo. Fue la primera vez que estuve fuera de casa, y me acuerdo lo extraño que sentía: el idioma parecía raro, la arquitectura era distinta de todo que conocía antes, y la comida no tenía el mismo sabor como en casa. Por suerte, mi abuelo hablaba el inglés bastante bien, y hablaba con el dueño de una tienda local de los hábitos alimentarios diferentes. Contaba al dueño de la tienda que yo era un amante del queso, y fue como sabía por la primera vez de un evento inglés llamado „Carrera de Quesos de Copper's Hill". Me enteraba no solo de que el queso existía en Inglaterra, sino también de que fue tan bueno, que la gente estaba dispuesta de correr detrás de él en una cuesta, compitiendo con más gente. Tenía que esperar un poco para llegar a verlo en persona: un chico de nueve años no puede viajar a Inglaterra él solo.

Mi tiempo llegaba más tarde, cuando hice un año de estudios al extranjero en Inglaterra, para hacer un curso de estudios de postgrado en Londres. Nunca podía olvidar la historia de la carrera de quesos, así que mi abuelo me recomendaría en una llamada de teléfono a tener en cuenta una visita del festival de Coopers Hill. Así fue que una tarde, me encontraba en una colina con tres amigos ingleses juntos con cientos de gente, esperando a bajar esta cuesta enormemente escarpada, corriendo detrás de una pieza de queso. Locura.

La carrera de quesos de Cooper's Hill se celebra en las proximidades de la ciudad Gloucester, y tal como el nombre sugiere, un queso "Double Gloucester" de 9 libras está empujado para bajar una cuesta, y cientos de atrevidos le siguen corriendo. Cada uno es obsesionado de agarrar el queso, pero muchas veces, no hay nadie que ni llega a acercarse al queso: por lo menos alcanza una velocidad de 70 millas por hora (112 km/h). Eso coincide con la velocidad máxima permitida en una autovía inglesa. Este espectáculo seguramente es una versión muy divertida de disfrutar del queso, lejos de comer junto con mi familia en una granja tranquila en Normandía.

Estando en esta colina preparando para correr detrás del queso, me sorprendía escuchar tantos dialectos diferentes en mi entorno. De niño, siempre pensaba como debería ser siendo el único Francés entre tantos Ingleses – un outsider, disfrutando de los tipos raros alrededor de él. Pero allí escuchaba dialectos americanos, escoceses, y demás.

El ambiente era maravilloso: mucha gente ha viajado desde lejos, solo para participar en este evento. Estando allí arriba en la colina, me daba cuenta de una ambulancia llegando al lugar del evento, preparándose para el espectáculo y todo lo que iba para venir. Ahora toca, pensaba. Siendo esta la primera carrera de la tarde, no podía ver a otros bajando la colina. No sabía lo que me esperaba. Mi corazón golpeaba hasta mi cuello. Fue el momento cuando apagaba el queso, y solo pensaba en el daño que me ocasionó a mí mismo. Y justo antes de oírse la señal de salida, uno de mis compañeros me contaba, que el año pasado, más que 20 participantes fueron ingresados en el hospital. El equipo de salvamiento estaba tan ocupado transportando la gente del lugar del accidente al hospital, que la carrera se aplazaba...

Y justo en el momento cuando decía esto, sonaba la señal de prepararnos. Un hombre con un traje de la bandera británica, empujaba un queso entero gigante monte abajo de la colina. Estando en el trasfondo, percibía tanto hombres como mujeres empezando a correr. Muchos estaban vestidos de forma llamativa, otros con prenda protectora. Un hombre vestido de Superman volaba por delante de mí. Era realmente surreal. Decidí correr más lentamente para no hacerme daño, pero había muchos haciendo hasta volteretas, y corriendo realmente rápidos. Antes de darme cuenta, llegaba al final de la colina. Por suerte, no me había herido. Buscaba el queso, pero no lo encontraba en ningún sitio: el ganador fue vestido de Micky Mouse, y escondía el queso de nosotros, y se fue. Gracioso, y estrafalario al mismo tiempo, ¿verdad?

Posiblemente preguntarás ahora, cual es el sentido de todo este espectáculo, si ni es posible probar el queso. Me decepcionaba no haber alcanzado mi meta, pero ha sido una introducción excelente en los lados más bizarros de la cultura inglesa. Y exactamente como mi abuelo me contaba cosas extrañas, también podré contarlo a mis nietos.

Experiencias Gastronómicas en Marruecos

Marruecos es un país lleno de lugares increíbles. Es un país todavía salvaje en muchos aspectos: rural, con montañas donde la gente queda aislada en los inviernos, aldeas de pescadores en sus costas de playas infinitas...

Además, la gente en Marruecos es acogedora, hospitalaria, vamos, simplemente encantadora! En cada casa en la que entras te darán un té y unas pastas para darte la bienvenida. Y es que, en Marruecos, una de las cosas más maravillosas que puedes descubrir es la gastronomía.

Yo tuve la suerte de descubrirla, y de la forma más inesperada: en medio de un viaje de aventura. En mi primer trekking en el Alto Atlas tuvimos la suerte de que nos acompañara Ismael. Uno de los mejores cocineros que he conocido en mi vida. ¡Si supierais cómo cocinaba!

Al comienzo del trekking, en un pequeño pueblo de un valle, el cocinero se ocupó de comprar todas las verduras y carnes necesarias (por supuesto, nada de cerdo estaba incluído puesto que Marruecos es un país musulmán donde no encontrarás nada de esta carne). Estas verduras, los cacharros de la cocina, las estufas, carbones... todo lo que hacía falta para cocinar, se cargó en las mulas que llevaban nuestro equipaje. Y... salimos rumbo a la aventura.

Caminamos unas cuatro horas durante el primer día, y, aunque eran pocas, llegamos agotados a la noche. ¡Y yo deseando probar mi primera comida marroquí!

En una *jaima* (una tienda de campaña grande compartida por muchas personas) cenamos todos los amigos que íbamos de trekking. Nos sentamos y esperamos a que llegara la comida. Como primer plato, comimos una típica ensalada marroquí. Se parece mucho a otras ensaladas típicas de otros países, como por ejemplo México. Lleva tomates, pimientos y cebolla, muy troceados y aliñados con aceite de oliva, sal y especias. ¡Estaba riquísima! Todos los ingredientes estaban muy frescos y la ensalada nos abrió el apetito para el plato que nos esperaba: ¡un *tajine*!

El *tajine* es uno de los platos estrella de la cocina de Marruecos. Es común a la comida árabe en general, pero los que yo he podido probar en este país son increíbles. El *tajine* es un tipo de cocción. Es, en concreto, un utensilio de cocina de barro o metal (aunque los más tradicionales y comunes en marruecos son los primeros) en el que se cocina los ingredietens, a fuego muy lento. Los hay de todos los sabores y colores. Los hay de pollo con limón (uno de mis favoritos), los hay de cordero (es de los más tradicionales) y los hay también simplemente vegetarianos (otro de mis favoritos). Bueno, en realidad a mi me gustan todos, pero siempre recordaré aquel primero en la primera noche en el Atlas. Era de cordero, la carne estaba tierna y las verduras que lo acompañaban, exquisitas. Lo mejor es el cus-cús con el que siempre va acompañado (una pasta de sémola en granitos muy fina) y la salsa que se produce con la cocción.

En nuestro segundo día tuvimos oportunidad de comer en casa de una mujer de un pequeño pueblo por el que pasábamos. Y probamos una de las cosas más exquisitas que he probado en mi vida, la safa. La safa son fideos muy finos, como los que se toman en la sopa, cocidos de forma sencilla. Pero van aderezados con azúcar glas y frutos secos machacados. Aquel día, los comimos con cacahuetes. ¡Estaba riquísimo! Como plato principal nos esperaba "el jardín", "le jardín" como dicen ellos que lo dicen en francés. Son unos huevos al plato que se cocinan en una sartén especial muy bajita. Primero se ponen unas verduras (tomate y pimiento, por ejemplo) y después se cuecen los huevos echándolos en crudo sobre la verdura.

Entre las cosas más básicas y más ricas de lo que uno puede comer en Marruecos está el pan. En Marruecos hacen un pan sin apenas miga, muy plano, casi como tortitas, pero salado. Se come desde el desayuno, con mantequilla y mermelada o mojado en aceite. Se come también en la comida y en la cena. Es más, los marroquís lo utilizan como sus cubiertos y se llevan la comida con el pan a la boca en lugar de utilizar tenedor o cuchara.

Las *hariras* también son muy sencillas de preparar, pero no por eso menos exquisitas que otros platos. Las *hariras* son sopas consistentes que se toman por lo general para cenar en casi todos los hogares de Marruecos. Y, por supuesto, también en nuestro "hogar" provisional en las montañas. Estas sopas suelen tener un fuerte gusto a especias e incluyen algunos cachitos de verduras, a veces algún fideo, y, la mayor parte de las veces, legumbres.

Otra excelente experiencia gastronómica de aquel viaje fue descubrir los diferentes tés e infusiones marroquís y los dulces con los que los acompañan. En Marruecos son auténticos expertos en crear dulces de vicio. Y, casi todos, incluyen frutos secos como almendras o avellanas, miel, canela y otras exquisiteces. Probamos unas cuantas docenas de ellos muy diferentes unos de otros. En los postres, otro que me encantó fueron los dátiles naturales que se venden en muchos puestos de mercado de las medinas.

Salvo en el caso de los pueblos de la costa, en las montañas no es habitual comer pescado. Pero en la costa lo encontraréis cocinado a la brasa, riquísimo y con aliños sencillos, como el limón o el ajo. Son algunos de los pescados más exquisitos que yo he podido probar, y los tomas casi recién pescados por los pescadores del lugar. En aquel viaje yo no lo probé, pero visitando otras zonas de este país tan maravilloso tuve la oportunidad.

La gastronomía en Marruecos es un mundo en el que podéis tener increíbles experiencias. Por lo que si vais a ese país, os recomiendo que no tengáis miedo a probar cosas nuevas. ¡Es la mejor manera de estar abierto a todos estos nuevos sabores que os pueden dejar boquiabiertos!

111

Enamorarse en Venecia

1) Maria y Sandro, un amor acabado

Después de un periodo sin salir con nadie, después de romper con Sandro, he vuelto a disfrutar de la vida, ¡y más inspirada que antes! Después de dos años de noviazgo, cuando hasta se hablaba de casarse, nuestro amor fue a la rovina. Quizás queréis conocer la razón, pues ¡os lo digo en seguida!

2) Porqué nos dejamos

Sus padres fueron nuestros huéspedes en la casa que poseo en Venecia, en la laguna, y en la cual habíamos decidido vivir después de la boda. Estaban en mi casa desde hace tres días y habían transcurrido Navidades con nosotros. Se fueron el 2 de enero (¡menos mal!) y volvieron a su ciudad nativa, Verona.

Todo empezó con la discusión abierta por su madre, Paola, que insistía en que la boda fuera celebrada en su ciudad nativa, donde Sandro había nacido. Su papá, al contrario, no tuvo parte en la discusión, sino que trataba de mirarme en los ojos para que pudiera entender que él no estaba de acuerdo con las demandas de su mujer, como me confirmó dentro de poco.

Voy a guardar este momento como uno de los recuerdos más bonitos porque entendí que él era sincero y que quizás también él, en aquel momento, habría abierto la ventana y dejado que su mujer se bañara en el agua glacial de la laguna. De hecho, la discusión interrumpió el idilio de amor entre Sandro y yo, el cual no me difendió (quizás por el demasiado amor hacia su madre), ¡sino que hasta me regañó por levantar mi voz contra su querida mamá! Ya el día siguiente, cuando él acompañó a sus padres a Verona, había entendido que nuestro sueño de amor se había desvanecido.

No me equivocaba. Probablemente empujado por su madre, no me llamó durante tres días y yo hasta pensé en no hacerlo. Después de una semana, me llamó para decirme que probablemente era mejor dejar nuestros proyectos, por el bien de todos. El mundo me cayó a pedazos y yo, entre la cólera y la desilusión, me retiré en mi solitud, ¡¡jurando a mi misma que jamás me prometería!

El amor entre nosotros se había acabado... ¡para siempre!

3) Un nuevo encuentro

Marco paseaba al lado de Claudia (su hermana) y al lado de su novio (mi hermano). Estábamos iendo al puente de Rialto para celebrar la licenciatura de Claudia (en derecho) y él nos llevó a comer en un restaurante donde trabaja un amigo suyo. Cuando entramos en el restaurante, inmediatamente se sentó a mi lado y delante de los novios. Llevaba consigo un ramo de rosas rojas y uno de ciclamenes.

En la mesa puso las rosas encima de una tarjeta de felicitaciones para su hermana y me dijo en seguida: "Y esto en cambio es para ti". Después de comer nos sentamos en unas mesitas cerca de la orilla para beber un café. Mientras tanto, el centro general de la atención había pasado exclusivamente en mi, hablando (mi hermano en primer lugar) del fracaso de mi relación con Sandro y de mi ira hacia todos los hombres.

Sintiéndome puesta en duda, me arriesgué para expresar mi ira, pero sin exagerar, también para no hacer pasar vergüenza a Marco, que me estaba cortejando, lo que había entendido desde el principio. Y, para decir la verdad, me gustaba realmente.

4) Un chico puro y sincero

Mientras tanto, la tarde había llegado y las primeras luces se comenzaban a ver en la laguna, iluminando aquel espejo único en el mundo, que sólo la preciosa Venecia puede ofrecer.

Asistir a este espectáculo es una sensación extremamente emocionante no sólo para los turistas, sino también para todos los venecianos que viven la ciudad a diario. Para mi era triste, pensando en el amor que no sentía más y que pensaba haber perdido para siempre. En este momento, confundida, pero feliz, volví a casa.

El día siguiente oí a alguien tocar a la puerta, pensaba que era mi vecina o el cartero, ¿pero quien encontré allí? ¡Marco! Llevaba consigo un ramo de rosas sólo para mi (azules esta vez) y iba vestido hasta más elegante que el día anterior y llevaba un peinado diferente (liso con fijador), uno muy refinado. Este gesto me emocionó mucho, y no vacilé en darle sinceramente un beso en la mejilla.

5) Aquella tarde en el Lido

Una nueva amistad había nacido con Marco y una tarde nos empujó hacia el Lido de Venecia, un lugar diferente de la laguna, a pesar de que geograficamente es parte de esa. Se trata de la Venecia no turística, es decir la donde la mayoría de los venecianos viven, con restaurantes, discotecas, cafés, playas (en verano), tiendas de importantes marcas de moda.

También aquella tarde su encanto y su sutileza no fueron desmentidos: se presentó que llevaba una chaqueta y una corbata azul oscuro y dos rosas rojas, una para mi y una para Claudia.. Saldríamos a cena en un rato. En realidad, algo ya me estaba emocionando, y yo me sentía atraída por él, pero no podía encontrar las palabras para expresar mi alegría, aunque mis ojos me traicionaban y él se había dado cuenta de eso. De hecho, (mientras los dos novios estaban sentados en la mesa todavía) con una excusa me invitó en la terraza del restaurante, donde, mirando el crepúscolo, se giró hacia mi y me sonrió, y después se dobló y me besó intensamente.

Desde aquel día Marco ha llegado a ser mi gran amor.

6) Un día mágico

¡Aquel día fue el más feliz de mi vida!

En verano optamos por el lido de Venecia para transcurrir nuestras vacaciones, porque representa un lugar especial para nosotros, donde nuestra pasión floreció y donde celebramos, donde lloré (esta vez por amor y por alegría y no por desilusión), donde cenamos y bebimos champán en la playa, después de lo cual... ¡hasta hoy (nos casamos en un año) todo ha sido absolutamente mágico!

Solidaridad en las montañas de Marruecos

Me llamo Isabel y tengo 25 años. Me encanta el mundo de la montaña. Desde que soy pequeña, mis padres me han llevado a conocerlas. Subir picos, escalar paredes, recorrer torrentes... para mí, más que dificultades son emocionantes retos.

Siempre he vivido en Madrid. Es la ciudad más grande de España, y funciona como capital del país. Hay grandes montañas muy cercanas. No son muy altas, pero hay mucha variedad. Los paisajes son muy diferentes de unas a otras y los desafíos que suponen también. He pasado grandes días en Peñalara, y noches complicadas en la Sierra de Gredos, a muchos grados bajo cero.

Mis padres, además de amantes de la montaña, son funcionarios públicos. Mi padre trabaja en el Ministerio de Educación. Mi madre es pediatra en un centro de salud público, es decir, es doctora para los niños hasta que cumplen la mayoría de edad. Siempre me han enseñado que hay que preocuparse por lo importante. Las personas que nos rodean, la familia, nuestro barrio, nuestro país... Son personas justas, humildes, solidarias, ecologistas... En definitiva: he aprendido de ellos muchas cosas sobre ser una persona buena y comprometida.

Por eso, desde que cumplí los dieciocho años, intento colaborar con asociaciones y ONGs.

Normalmente, son organizaciones sin ánimo de lucro, que intentan mejorar, granito a granito, algún aspecto de la vida de las personas que les rodean. He colaborado con Cruz Roja, por ejemplo, dando clases de castellano para extranjeros que acababan de "aterrizar" en nuestro país. Porque, saber hablar la lengua de un lugar, te ayuda a unirte a las personas y la cultura de ese país. Pero también es muy importante para estudiar, trabajar... Imagínate cuando llegas, y, encima, no puedes permitirte pagar unas clases de ese idioma. Para mí es un honor poder ayudar a esta gente a aprender el español. Estas clases las doy de manera voluntaria. Según el centro, son una o dos horas a la semana. Sobre todo nos centramos en que estas personas aprendan cosas útiles para la vida diaria: comidas, moverse por una ciudad, verbos esenciales del español, entender lo mejor posible cuando alguien les habla...

También he colaborado con organizaciones que ayudaban a niños en situaciones de exclusión social. Quizá os preguntaréis qué es esto de "exclusión social". Es una expresión que ha nacido en los últimos años, para no discriminar diciendo "gente pobre" o términos más despectivos. Por lo general, se define como situaciones en las que los niños pueden tener menos oportunidades que otros: por pobreza, por situaciones de violencia en su entorno, por abandono de sus padres... Bueno, son situaciones duras, en general, no os voy a engañar: he visto prácticamente de todo.

Desde hace unos meses, y gracias a la Fundación Acción Geoda, he podido unir mis dos pasiones: la solidaridad y la montaña. Una fundación es otro tipo de organización sin ánimo de lucro. En concreto, Acción Geoda trabaja por la integración y la mejora de las relaciones de dos países muy cercanos: España y Marruecos. Lo hacen trabajando con una de las zonas más pobres y deprimidas de este segundo país: el Atlas.

España y Marruecos están tan cerca... y a la vez, ¡tan lejos! Marruecos es lo que se llama un "país en vías de desarrollo". Sus principales ciudades han avanzado años luz en estos últimos diez o quince años. Prácticamente, han salido de la edad media a la contemporánea. Sus habitantes más jóvenes son cosmopolitas que hablan árabe, bereber y francés, sin ningún problema. Salen por las noches con sus amigos, sueñan con un buen trabajo, ir a la universidad y labrarse un futuro. Se divierten con sus móviles, escuchando músicas modernas.

Sin embargo, esto son las ciudades, y, a pesar de lo grandes que son, Marruecos sigue siendo un país eminentemente rural. La población en el campo poco a poco tiene más acceso a las mejoras de infraestructuras del país. Pero este es un país con una naturaleza salvaje y con unas de las montañas más inaccesibles de África: el Atlas.

Con picos de más de cuatro mil metros, el Atlas es uno de los destinos favoritos de nosotros, los montañeros españoles. Cuando vamos, descubrimos inmensos valles, bellas montañas y, además, gentes nómadas que habitan los valles altos en invierno con su ganado, y los pequeños pueblos de los valles bajos en verano.

Una gente hospitalaria, amigable y sencilla, que vive en condiciones muy, pero muy duras. En muchos sitios la electricidad aún está por llegar, en la mayoría, hace poco que ha llegado. El agua se saca de pozos o del río, donde las mujeres lavan a mano toda la ropa de su familia. Y...¡allí las familias son muy numerosas! Las mujeres también se ocupan de las cosechas y de recoger los frutos de los árboles frutales de las tierras de la familia, que suelen estar junto al río. Se encargan también de hacer el té cuando algún extranjero como nosotros, pasa por allí. El té es la forma de los bereberes de estas montañas de darte la bienvenida.

Pues bien, con Acción Geoda ya son dos las veces que he podido viajar a uno de estos valles mágicos, encantadores y llenos de gente increíble. Este año y el año pasado, con las vacaciones de Semana Santa, pude enrollarme en un par de viajes en los que se ha construido y acondicionado una escuela en el valle de Tessaout. El segundo viaje fue de lo más divertido: un montón de aventureros españoles cargados de bolis, cuadernos, lápices, pinturas de colores, estuches, libros para colorear, folios... en fin, todo lo que un niño puede necesitar como material escolar. Pero también herramientas para los maestros: tizas de colores, mapas del mundo...

Cuando estamos allí trabajando, la gente del pueblo se deshace en halagos y atenciones con nosotros: son muy agradecidos. Dormimos en una "gite-de-etape" que montó un agradecido lugareño tras los primeros proyectos de la fundación, para que los graciosos y trabajadores extranjeros tuvieran un lugar más cómodo donde dormir.

Si alguna vez pasáis por el valle de Tessaout, no dudéis en preguntar por ella, ¡y decid que os la hemos recomendado! Lo pasaréis genial, oiréis mil historias de estos locos españoles y ¡beberéis un gran té a la menta mientras véis el río pasar bajo la casa!

La feria de los Oh Bej Oh Bej

Me llamo Aideen y soy una chica irlandesa de Dublín. Estudio italiano y español en el Trinity College. He decidido transcurrir mi tercer año académico en Italia, un país que siempre me ha fascinado. Dejé a mi familia y a mis amigos en septiembre. Estaban contentos por mi, dado que desde siempre han sabido que ir a Italia era uno de mis sueños de infancia. Sin embargo, para ser sincera, fue difícil decir adiós. Me dijeron que aprovechara al máximo esta experiencia y que cuidara mucho de mí misma. Estaba muy entusiasmada y nerviosa al mismo tiempo.

Finalmente hice mi maleta y salí para Milán – la ciudad de la moda, del arte y de los mejores museos de ciencia, pubs tradicionales y restaurantes... y mucho más, como estaba a punto de descubrir. ¡La ciudad era estupenda! Vivía en un apartamento con otra estudiante, Luisa, la cual dentro de poco llegó a ser mi mejor amiga. Ella venía de un pueblito de Apulia, la región que forma la parte, así llamada, del tacón de la bota de Italia. ¿Habéis pensado en la forma geográfica de Italia? ¡Se parece mucho a una bota de tacón! ¡Siempre lo he considerado bastante impresionante! En todos modos, Luisa estaba estudiando derecho. Su sueño era llegar a ser abogada para proteger los derechos humanos y yo admiraba su entusiasmo y su duro trabajo.

Me gustaba mucho mi vida universitaria en Milán La capital de Lombardía es una de las tres ciudades más pobladas en Italia. Todos los días recibe muchos que la visitan, y que llegan de diferentes partes del país, los cuales principalmente toman el tren para ir al trabajo o a la universidad. Milán es oficialmente una metrópoli europea: parece que todo se mueve rápidamente y las personas suelen vivir a un ritmo frenético. Parece que siempre tienen prisa y según yo dan la impresión de ser frustrados, estresados y enfadados. A pesar de eso, hay unas partes de la ciudad que son tranquilas, donde la vida no corre tan rápidamente y la gente puede dar un paseo tranquilamente o sentarse en una banqueta sin tener prisa.

En estas partes de la ciudad menos abarrotadas de gente el atmósfera es mucho más relajada. Hay espacio para la diversión o para relajarse. La gente toma la vida a un ritmo diferente y disfruta de la compañía de otras personas – socializa, va a tomarse un café o da un paseo simplemente para admirar las bellezas de la ciudad. Me gustaban los dos aspectos de la ciudad, los días frenéticos en la metro atestada de gente y las tardes visitando las exposiciones en el Palacio Real o dando un paseo en el gran parque alrededor del Castillo Sforzesco.

Dentro de poco llegó diciembre. Un día Luisa me invitó a ir a la feria de los Oh Bej Oh Bej. Es una típica feria de Navidad, que tiene lugar en Milán durante el día de San Ambrosio, el 7 de diciembre. ¡Es un gran evento! La gente puede comprar cada tipo de cosas, de libros, típica comida de Sicilia, productos artesanales, juguetes, antiguos cuadros...

¡prácticamente, todo!

El 7 de diciembre tomamos la metro y llegamos al Castillo Sforzesco, donde tenía lugar la feria. Había muchísima gente por allá. La calle estaba llena de diferentes tipos de puestos del mercado. Había un puesto que vendía decoraciones de Navidad, uno viejos posters y fotografías, y después habían libros, CDs, vestidos de época, muebles, joyas... ¡Maravilloso! Comenzamos a caminar alrededor de los puestos.

¡Nos tardarían muchas horas para visitar toda la feria! Después de un par de horas habíamos visitado sólo unos puestos. Luisa y yo estábamos llevando unas bolsas de compra ya. Tengo que admitir que estábamos un poco cansadas, pero la feria valía la pena y estábamos listas para continuar a ir de compras todo el día. Sugerí que nos pararamos para comer algo. Había visto un puesto que vendía productos típicos de Sicilia y esperaba con impaciencia probar algo. Luisa estaba de acuerdo, pero acababa de ver un puesto de libros que vendía libros para niños y no podía esperar para echarle un vistazo. Quería comprar algo para su hermanito. Entonces decidí ir a comprar algo de comer para nosotras, mientras ella podía echar un vistazo allí.

Había llegado al puesto, cuyo nombre era 'El Padrino', lo que me acordó de la famosa película de Coppola. Habían muchos productos en el puesto, ambos salados y dulces. Mientras esperaba que tocara a mi, miraba las especialidades y me di cuenta de cuánta hambre tenía. De repente un chico que estaba esperando su turno también me dijo: 'Parece que tienes mucha hambre' 'Sí, absolutamente... – confesé – ¡así es cómo me siento después de un largo tiempo de compras!' y los dos reímos. Era alto y moreno y tenía grandes ojos verdes. Inmediatamente noté que tenía una sonrisa estupenda. 'Me llamo Alessandro, - dijo – pero me llaman Alex. ¡Encantado de conocerte!'

Hablamos un poco mientras estábamos delante del puesto. Tenía 24 años y estaba estudiando medicina Alex era de Milán y vivía con sus padres en las afueras. Parecía majo y cordial y me preguntó que estaba haciendo en Italia (debió de realizar que estaba allí de visita). Le dije que estaba en la feria con una amiga, Luisa, que mientras tanto me había alcanzado en el puesto con unos libros para niños en sus manos. Lo presenté a Luisa y él nos invitó a comer con él. Aceptamos.

En el puesto compramos unos 'arancini' y dos rebanadas de pizza. Encontramos una banqueta donde podernos sentar en Parque Sempione y fuimos allí para lo que dentro de poco se convirtió en un picnic 'invernal'. Lo pasemos estupendamente: reímos y hablamos mucho durante el almuerzo. Me encanta la comida italiana, ¿ ya vosotros? Nunca había probado 'arancini' y Alex me explicó qué eran. Son unas pelotitas fritas de arroz, con mozzarella, salsa de tomate y guisantes... ¡Y están muy ricas! ¡He pensado que nunca antes había probado algo tan delicioso!

Más tarde decidimos continuar a visitar la feria juntos. He tenido la impresión de que aquel día fuera lleno de magia, había una auténtica atmósfera navideña en el aire de Milán que llenaba mi corazón de alegría. Hablé mucho con Alex y dentro de poco descubrí que teníamos muchas cosas en común. Hablar con él parecía ser tan natural que sentí que lo conocía desde siempre. Dentro de poco se oscureció y, desafortunadamente, tuvimos que irnos. Me sentía un poco triste, porque no sabía cuándo volvería a ver a aquel chico majo. Los dos éramos un poco tímidos y no nos atrevimos a pedirnos nuestros números de teléfono, así que sólo nos dijimos adiós.

Una vez en casa, dije a Luisa como me sentía. Ella se había dado cuenta de que había "aquel algo especial" entre Alex y yo. '¡Pienso que estaríais perfectos juntos! Estoy segura de que lo vas a encontrar todavía...' Tenía razón.

¡Pasó! ¡Os estoy diciendo la verdad! Dos semanas después me tropecé con él en la estación de trenes. Yo estaba iendo al aeropuerto para ir en avión a casa por Navidades. Esta vez me pidió mi número de teléfono y me deseó una feliz Navidad. Después de un par de minutos recibí un mensaje y leí: '¡Nunca voy a olvidarme de aquel maravilloso día en la feria!' Esto fue mi primer y mejor regalo de Navidad. Esperaba con impaciencia volver a verlo. Aquel día dejé la hermosa Milán y sonreí pensando en Alex.

Anna y yo

Viaje a Italia, donde conocí a la chica de mis sueños

1) ¡Un país extraordinario!

Cuna del más grande arte clásico, de las más deseadas marcas de moda, de tanta comida y tierra del amor, Italia es un destino de sueño para quien esté planeando un viaje por Europa. Dotada de innumerables antiguas ruinas, edificios góticos, templos bizantinos y castillos medievales, Italia rinde homenaje a significativos períodos históricos como el Imperio Romano y el Renacimiento. Cuando se trata de la cocina italiana, muy querida en el mundo, desde la verdadera pizza hasta los apetitosos dulces, no hay nada que hacer si disfrutarla.

Acabo de transcurrir un periodo de tiempo en Italia (durante todo el mes de agosto) en el cual he tenido la oportunidad de visitar las más importantes ciudades artísticas, hasta Roma y Nápoles.

2) Mi experiencia personal
2) My personal experience

Mi cuento ha sido dictado por dos factores fundamentales: la admiración hacia este estupendo país y hacia sus bellezas, no sólo naturales, sino también desde el punto de vista femenino.

De hecho, cuando llegué al aeropuerto internacional de Fiumicino, mientras tomaba el tren que me llevó a la estación central de Roma Termini, pude admirar tantas chicas preciosas que nunca antes había visto al mismo tiempo. Con respecto a eso, os cuento de mi única y grande conquista, con la que salgo todavía hoy en día, y de la que, para decir la verdad, estoy perdidamente enamorado.

Roma es la capital de Italia y ofrece una historia milenaria. Lo más importante que se pueda ver, aparte del legendario Coliseo o de los sitios arqueológicos, es la cúpula de San Pedro.

3) ¡Aquí viene Anna!

Aquí es donde conocí a la chica de la que os hablé. Se llama Anna y vive en Nápoles, en el sur del país, un lugar estupendo, como veremos. Aquel día llovía y ella amablemente se ofreció para llevarme bajo el paraguas hasta la taquilla donde se puede comprar el boleto para visitar la cúpula desde lo alto.

La espera para la entrada (la cual ocurre en grupos) hizo que estuvimos durante mucho tiempo uno cerca del otro, el tiempo necesario para informarnos sobre nuestros nombres y lugar de nacimiento.
Una vez llegados a lo alto de la cúpula (y no sin esfuerzo, por los muchos escalones inclinados y estrechos), nos encontramos a admirar la ciudad eterna y a sacarnos bonitas fotos como recuerdo.

El resultado fue que quedamos por la tarde, cenamos en un pequeño restaurante que ofrecía un menú turístico y después dimos un paseo a orillas del Tevere, que desde siempre divide la ciudad en dos partes. Al despedirnos, decidimos vernos en su ciudad nativa (Nápoles), dado que mi programa incluía una visita a las cercanas y muy conocidas Sorrento y Capri.

Yo llegaría a su ciudad dos días más tarde, mientras que ella volvería a casa ya la mañana siguiente. Aquella noche me quedé despierto y lo único que hice fue pensar en ella, en su pequeñita nariz, en sus rizos morenos y en su sonrisa embriagadora.

4) ¡Mi preciosa Nápoles!

Después de haber saboreado una "verdadera" pizza en su Nápoles, donde es posible pasar todo un día visitando cualquier tipo de lugar, entre monumentos, castillos, iglesias, museos y las dos calles principales (llamadas "decumani" superior e inferior), algo que hicimos juntos naturalmente, mis ojos estában completamente cubiertos de jamón.

Ésto es lo que se dice en Nápoles cuando alguien es tan feliz que ve sólo bienestar y alegría. Entonces no pude evitar preguntarle si le apetecía acompañarme en mi visita programada a Sorrento y Capri el día siguiente. En realidad, eso no me interesaba tanto, después de haber conocido a Anna.

A mi pregunta aceptó un poco vacilante, pero claro que no por mi propuesta, sino por el programa apretado y por un poco de vergüenza (que después me confesó haber sentido).

5) ¡Te quiero, Anna!

A este punto, podría seguir hablando como un turista, pero no lo voy a hacer. No os hablaré de las bellezas naturales que he visto en esos maravillosos lugares, sino que quiero que sepáis cómo fue todo al final.

Las dos visitas duran un día; se puede alcanzar el primer destino (Sorrento) aproximadamente en una hora en un pequeño tren llamado "circumvesuviana", propio porque sigue una ruta semicircular alrededor del muy conocido volcán. Se trata de una ciudad que representa una pequeña joya por sus bellezas naturales (mar y montañas), comida y nivel de vida.

Se puede llegar a Capri, por otro lado, en hidroavión o en barca. Nosotros optamos por la segunda opción, dado que es más lento y más panorámico. Aquí en la cubierta del barco, en el aire libre por lo tanto, dado que hacía un calor sofocante, entre un comentario, una descripción del golfo y un caramelo, nos dimos un beso de improviso, lo que ahora no sólo representa una ocasión particular para nosotros, sino nuestro recuerdo mejor.

Tanto que en unos días ella vendrá a visitarme en mi ciudad nativa (Madrid) y yo
espero con impaciencia volver a verla y decirle personalmente lo que le he dicho todos los días por mail durante esos tres meses de separación, es decir: ¡Te quiero! (Ti amo!/I love you!).

6) ¡Atracción fatal!

La ciudad de Nápoles, que no conocía y que aprendí a apreciar también más tarde, en Octubre, hizo que aprendiera mucho desde el punto de vista cultural, pero también desde el aspecto social y humano.

Escuchando (de Anna) cuentos particulares, a veces con consecuencias tragicómicas, típicas de una cultura griega profundamente arraigada, donde la vida cotidiana se mezcla con el bienestar, la alegría y los problemas, he descubierto una ciudad sin igual en el mundo.

Al juzgarla y al describirla, muchos dicen que se parece a mi España y quizás es verdad; que se parece a los países de América Latina, y también eso puede ser así. Será porque me desvivo por causa de mi Anna, pero pienso que es una ciudad que te hace sentir realmente libre y amar la vida;

He entendido realmente que el amor, y no sólo el que siento dentro de mi para Anna, vive aquí, en una ciudad donde la vida, a pesar de todo, es preciosa y hay que apreciarla, también gracias a esa gente maravillosa, que a menudo y erróneamente es descrita como grosera y perezosa.

Si estáis planeando organizar un viaje a Italia y queréis visitar a las ciudades artísticas, no hay duda: Roma es preciosa, vale la pena descubrirla y admirarla, así que lo merece realmente; pero para descubrir un nuevo mundo, sus bellezas, y para realizar uno de los sueños de vuestra niñez (propio

131

como hice yo) id a Nápoles y encontraréis lo que os falta y lo que buscáis desde siempre.

Un beso en Florencia

¡Voy allá para estudiar arte y encuentro el amor de mi vida!

1) Para conocer el arte

Dicen que París es la ciudad del romanticismo, ¡pero yo no estoy completamente de acuerdo!

Yo, al contrario, he encontrado el verdadero amor de mi vida en Florencia. Acababa de llegar a Italia para mis estudios como restauradora de bellas artes, habría tenido que transcurrir todo un año academico en la ciudad y estaba muy emocionada al pensar de aventurarme en una nueva lengua y en una nueva cultura.

En realidad, no sabía adónde esa experiencia me llevaría, dado que se trataba de mi primera larga estancia en un país extranjero, después de licenciarme en Melbourne. Una de mis pasiones, aparte del arte, es el canto y quería sacar provecho de la oportunidad de conocer mejor también este noble arte en el país de Verdi y de "Mister Volare".

A menudo mi escuela organizaba conciertos para hacer conocer la ópera, sobre todo la italiana, la cual se integra perfectamente en el contexto artístico y monumental, dado que muchas obras se componían para iglesias y academias. Para mi, esa era una gran oportunidad para encontrar gente de mi edad.

2) ¡El encuentro!

En cuanto llegué a la estación de Santa Maria Novella, me di cuenta de que dentro de poco alguien llegaría a ser una parte importante de mi vida. Lo primero que noté de él aquel día, delante de la academia, fue que era alto, pero lo que realmente me llamó la atención fue su largo pelo negro y sus ojos oscuros. Con torpeza pregunté si estaba en el justo lugar y él me aseguró que sí, pero me dijo que el concierto no tendría lugar aquel día por una huelga contra el gobierno por los recortes a la cultura.

Mientras me hablaba, seguía navegando desde su ordenador. Pero aquel breve diálogo fue (para los dos) un pretexto para charlar un rato y más tarde me di cuenta de que había entrado en un buen grupo de amigos que como yo estudiaban y amaban la música clásica; de hecho, al cabo de un rato llegaron antes una pareja y después dos otros chicos, una chica morena y con una nariz respingona, y un chico pelicorto, alto y delgado.

De un solo golpe, de ser sola me encontré en un pequeño grupo de amigos muy simpáticos. Después nos despedimos, prometiéndonos que quedaríamos el martes siguiente para asistir al concierto por fin. Pero en aquel momento tenía que volver a casa y empezar a planear mis estudios.

3) ¡Mi dulce Roberto!

Un sábado por la mañana, mientras esperaba el autobús que me llevaría de la academia de bellas artes a Rivoli, donde vivía yo, oí a alguien que me llamaba: "Jenny! Jenny!" Me giré y vi al hermoso chico que tan amablemente había hablado conmigo y con sus amigos el martes pasado, delante de la academia musical.

Estaba hablando con sus amigos y mientras tanto masticaba una bolsa de papas fritas. Me acerqué nerviosamente a él, que sin vacilación me invitó a compartir la bolsa de papas fritas. Mientras tanto, sus amigos se despidieron de nosotros y quedamos solos, así que decidimos dar un paseo por el centro histórico de Florencia.

4) ¡Toda culpa de Cupido!

Por fin aquel día conversemos realmente por primera vez y al final, cuando estábamos por volver a casa, él me interrumpió y dijo: "Pues, he tenido la ocasión de conocer a una chica estupenda!" Inmediatamente después de eso nos despedimos en el tradicional modo italiano, con un beso en cada mejilla.

Pensaba que no volvería más a verlo, pero un buen día vino el momento para un concierto en Palazzo Vecchio. Se trata de una magnífica residencia renacentista que pertenecía a la familia de los Medici y ahora es la sede del ayuntamiento. Es absolutamente fantástica y todos los políticos locales van allí casi cada día para ocuparse de asuntos de interés público.

Nos vimos después del concierto, porque yo estaba sentada en primera fila y él en la última. En aquel momento me preguntó qué tenía en programa durante el resto del día. Cuando le dije que estaba por ir a almorzar en el centro, me preguntó si me apetecía comer junto a él. "!Claro!" le contesté.

Comimos muy bien en un restaurante rústico y después de salir de la trattoria dimos un paseo a orillas del Arno, el río que fluye por esta encantadora y romántica ciudad. La parte mejor (inolvidable para mi) fue cuando nos quedamos un rato en el Ponte Vecchio y apreciamos la vista al río.

Luego, inmediatamente después, sacamos una foto juntos con el maravilloso paisaje florentino en el fondo. Al final de este día extraordinario me acompañó a casa y mirándome a los ojos se despidió de mi con un simple "Ciao" y un beso en la mejilla.

¡La flecha de Cupido me había golpeado!

5) Un día inolvidable.

Dos semanas más tarde fui a la fiesta de graduación de una amiga que había conocido en Florencia y ¿quién encontré allí? ¡Roberto! Fue un momento maravilloso, pero desafortunadamente no volveríamos a vernos durante cierto tiempo por las vacaciones de Navidad (yo tenía que volver a casa un mes).

Pasé un mes con mi familia, pero tenía que volver a Florencia en Enero. El día de Navidad me escribió un mail dulce en el cual decía que me quería y que estaba esperando mi vuelta a Florencia. Yo no pensaba más en él (o por lo menos intentaba no hacerlo), ¡pero sus palabras habían excavado un surco en mi corazón!

6) ¡El triunfo del amor!

Finalmente enero llegó (era el día después de la Epifanía), él vino a buscarme en la estación de Florencia y me había traído un regalo. Era una caja en forma de grande caramelo con dentro chocolatinas.

Luego nos pusimos de acuerto para ir a cenar juntos aquella misma tarde para celebrar nuestro nuevo encuentro. Al final de la tarde se acercaba el momento de volver a casa, pero antes de eso nos sentamos en un muro bajo a orilla del río y hablamos todavía durante un largo rato. Yo llevaba un vestido azul y él me dijo que era muy bonito.

Le agradecí y luego él, sin vacilación, se dobló hacía mi y me besó en los labios. De aquel día en adelante hemos estado juntos durante el resto del semestre y nuestra relación dura todavía, a pesar de que vivimos en dos países diferentes. Hasta pensamos en casarnos, pero vamos a organizar nuestra boda sólo después de haber decidido dónde vivir, ¿en mi país o en el suyo? Así las cosas, ¿qué puedo decir? ¿Es un sueño? Si lo es, ¡por favor no me despertéis!

Carlo y la liebre

Esa historia trata de un chico al que le gustaba jugar, y que soñaba ser un cazador.

Un día, un encuentro con una liebre, cambiaba su modo de pensar... ¡para siempre! El camino que separaba el bosque era bastante tosco, porque no se ha cuidado por años. El bosque era privado, y el dueño, un hombre mayor, no podía hacerse cargo. Sin embargo, madrugaba cada mañana, para destruir el refugio de ramas secas construido por Carlo y sus amigos (los chavales del pueblo) el día anterior.

Carlo estaba capaz de andar y jugar en ese camino con los ojos cerrados, por qué había crecido allí, aunque solo iba en verano. El bosque estaba lleno de pinos, abetos, alerces, plantas de arándanos y arbustos de frambuesas. El niño lo conocía de corrido y sabía las piedras a confiar, por lo que evitaba las que eran inestables o cubiertas de musgo deslizante.

Carlo sabía lo peligroso que es herirse en el bosque; efectivamente, podían pasar muchas horas hasta que alguien le encontraría, posiblemente con una fractura de pierna – además, llegando a casa, le hubiera esperado un castigo duro de sus padres, en la forma de cuatro golpes en el culo (los menos duros), o dos golpes con la cintura en el muslo, los últimos permaneciendo visible durante varios días. Carlos amaba al bosque, que por las mañanas cruzaba todos los calveros y agujeros en el suelo, cazando todo tipo de animales con arco y flechas caseros. El niño no conocía las normas de un buen cazador, y movía en el bosque como un elefante, rompiendo ramas con sus pies, silbando y hablando a voz alta con su amigo de fantasía. Por eso, los animales le podían oír y ver, y se corrían, porque conocían el bosque mucho mejor que Carlo.

A la hora de la cena, cuando su madre llamaba su nombre, Carlo escondía su arco y flechas debajo de un arbusto y corría a su casa para no llegar tarde. Todos los días, sobre todo en verano, retomaba la caza sobre las diez de la mañana siguiente. Después del desayuno, Carlo continuaba su casa, pero los animales del bosque nunca se mostraban más.

Un día, sucedió algo imprevisto: Carlo volvía a casa como todos los días, además, de forma muy lenta, para no demostrar a sus padres de que venía desde muy lejos. Andaba su camino habitual, cuando unos veinte metros antes del límite del bosque, al lado de algunas chozas, aparecía una liebre. Se movía con saltitos cortos y pequeños, como si fuera buscando algo, o investigando el suelo para encontrar algo comestible. Cuando veía la liebre, Carlo apenas daba crédito a sus ojos, y su agitación hacía que le salía un pequeño grito de alegría, porque por fin ha visto un animal para cazar. La liebre se paraba inmóvil, posiblemente asustado, o no podía ver de dónde había venido este grito, y en qué dirección debería correr. Carlo, moviéndose lentamente y aguantando el aliento, cogía su mejor flecha (la más derecha) con una buena punta, tensaba el arco y tranquilamente apuntaba a la liebre – esperando dar al corazón. El niño había leído en los libros, que cazando un animal, hay que darle con un solo tiro mortal, para no hacerle sufrir. En lugar de eso, la flecha volaba por el aire, oscilando, y de repente producía un solo sonido escaso. La flecha iba por los pelos de la nuca de la liebre, y después en el suelo. El animal, no habiendo visto la flecha acercándose, escuchaba el sonido y lograba correr en la otra dirección.

Mientras tanto, Carlos permanecía inmóvil, como paralizado, y ni estaba su amigo de fantasía diciéndole de retomar el arco y puntear en la liebre. Después, Carlo se dio cuenta que había errado el tiro, empezaba de respirar de nuevo y pensaba en lo que sus padres le hubieran dicho si hubiera matado una liebre por diversión. Se sentía culpable; pero es cierto que no estaba afectado por haber errado el tiro, sino porque ha arriesgado a matar un pobre animalito para nada.

Entretanto, su madre le llamaba; Carlo escondía a su arco, y caminaba hacia su madre, que le dijo: "Vete y lávate las manos, la cena está preparada. Hoy hay conejo con patatas. ¿Te gusta el conejo?"

Carlo se comía todas las patatas y el pan, y aunque tenía mucha hambre (como siempre), esta noche no probaba del conejo, porque se arrepentía de haber asustado a un pobre animalito solo para divertirse. A partir de este día, el joven Carlo no usaba más el arco y las flechas y empezaba a amar los animales con los que se encontraba.

Recommended Books

Other similar books:

Learn Spanish
Audiobook
Bilingual Book
The Life of Cleopatra
by biLingOwl Books

Learn Spanish
Bilingual Book
The Adventures of Julius Caesar
by biLingOwl Books

Learn Spanish
Bilingual Book
Vercingetorix vs Caesar
The Battle of Gaul
by biLingOwl Books

Learn Spanish
Bilingual Book
I am Spartacus
by biLingOwl Books

42147251R10081

Made in the USA
San Bernardino, CA
27 November 2016